高校数字档案馆建设理论与实践

孔媛媛　著

延吉·延边大学出版社

图书在版编目（CIP）数据

高校数字档案馆建设理论与实践 / 孔媛媛著. 延吉 : 延边大学出版社, 2025. 1. -- ISBN 978-7-230-07924-2

Ⅰ. G647.24-39

中国国家版本馆 CIP 数据核字第 20252D0T85 号

高校数字档案馆建设理论与实践

著　　者：孔媛媛
责任编辑：朱秋梅
封面设计：文合文化
出版发行：延边大学出版社
社　　址：吉林省延吉市公园路 977 号
邮　　编：133002
网　　址：http://www.ydcbs.com
E-mail：ydcbs@ydcbs.com
电　　话：0433-2732435
传　　真：0433-2732434
发行电话：0433-2733056
印　　刷：三河市同力彩印有限公司
开　　本：787 mm×1092 mm　1/16
印　　张：10
字　　数：183 千字
版　　次：2025 年 1 月　第 1 版
印　　次：2025 年 1 月　第 1 次印刷
ISBN 978-7-230-07924-2

定　　价：78.00 元

前　言

笔者自从事学校档案信息化建设工作以来，就开始学习、调研，并撰写高校档案信息化建设的相关方案、论证报告、招标技术参数和项目验收报告等，多年档案信息化建设具体工作实践中的酸甜苦辣，一言难尽。回顾过往，教训多于经验，是以撰文对自己认识、理解的高校数字档案馆建设工作加以分析、梳理与总结。

本书围绕“高校数字档案馆建设的具体内容是什么，怎么建”的问题，介绍了高校数字档案馆建设中的基础设施、管理信息系统、档案数字资源和运行维护体系等内容，基本涵盖了高校数字档案馆建设的全过程。

本书第一章对高校数字档案馆建设进行了简要概述，第二章探讨了高校数字档案馆建设的目标、原则与步骤，第三章到第六章按照高校数字档案馆建设的主要内容编排，依次展开详细讨论，第七章基于对高校数字档案馆建设工作的理解，构建了一个绩效评价指标体系，并选择了典型案例加以分析评价，为档案同人和未来档案管理工作提供理论参考。

由于笔者水平有限，书中难免有不足和疏漏之处，敬请广大读者批评指正，以便日后修改完善。

目　录

第一章 高校数字档案馆建设概述

第一节 高校数字档案馆的建设

一、数字档案馆建设概述

（一）数字档案馆的定义

2002年，《全国档案信息化建设实施纲要》发布后，全国各地档案部门纷纷开展了数字档案馆建设工作，同时众多研究者也开始对数字档案馆的相关理论进行研究。对于数字档案馆，不同的学者给出了不同的定义。

部分学者从管理对象的不同载体形式（即数字档案与纸质档案）出发，指出数字档案馆是在档案信息化建设过程中，通过现代信息技术形成的电子档案资源管理中心，是档案馆依托网络平台而存在的虚拟数字实现形式。

朱小怡等人在《数字档案馆建设理论与实践》一书中，把数字档案馆定义为利用数字技术、多媒体技术和计算机网络技术，创建、获取、存储、处理、发布数字档案信息的档案馆或其他数字档案信息管理机构群体，是国家和地方各级人民政府信息化建设的有机组成部分。

国家档案局发布的《数字档案馆建设指南》把数字档案馆定义为各级各类档案馆为适应信息社会日益增长的对档案信息资源管理、利用需求，运用现代信息技术对数字档案信息进行采集、加工、存储、管理，并通过各种网络平台提供公共档案信息服务和共享利用的档案信息集成管理系统。

从数字档案馆建设的角度来看，数字档案馆不仅仅是区别于实体档案馆而另外建立的虚拟档案馆和档案信息资源中心，还是运用现代信息技术规范，优化和重构现有档案工作业务流程，对馆藏档案、电子档案和其他数字资源进行收集、整理、保存，并通过网络平台提供档案信息利用服务的管理信息系统。

（二）数字档案馆建设的内容

为积极响应数字中国建设号召，加快推进信息技术与档案工作深度融合，创新档案信息化管理模式，全面推进档案资源存量数字化、增量电子化、利用网络化，数字档案馆系统项目建设势在必行。数字档案馆建设的目标是紧紧依靠国家和当地信息化基础设施建设环境，充分利用各种政务网平台、公众网平台以及各类网络资源，以先进的信息技术为手段，集成建设适应一定时期内数字档案管理需要的网络平台，开发应用符合功能要求的管理系统，推动馆藏档案资源数字化、增量档案电子化，逐步实现对数字档案信息资源的网络化管理，以及分层次、多渠道提供档案信息资源利用和社会共享服务。

数字档案馆建设是一项系统工程，建设的核心是数字档案资源，关键是如何更好地管理好数字档案资源，为用户提供档案信息服务和实现档案资源的长期安全保存，具体包括基础设施建设、电子档案管理系统建设、数字档案资源建设、制度规范建设、安全保密体系建设和经费与人才保障体系建设，这需要档案部门、信息化部门、各业务部门及安全保密部门共同参与实施。

1.基础设施建设

基础设施是将现代信息技术整合应用于档案业务系统之中，实现数字档案馆所必须具备的基本硬件设施设备，主要包括网络基础设施、数据中心机房、系统硬件设备、数字化加工设备、终端及辅助设备和安全保障设备等。

档案网络基础设施是针对档案资源的安全性等特殊要求而建设的用于档案信息收集、管理、存储、利用和传输的技术平台，它将分布在不同地域、不同部门的档案信息资源连接起来，通过信息资源的互联互通、集成共享，充分提升档案信息化的整体效能。网络平台是数字档案馆运行的基础架构，是实现数字档案信息资源共享的平台。数字档案馆面向三类服务对象：档案局（馆）内部工作人员、政府部门和社会公众。基于这三类不同的服务对象，数字档案馆的网络环境也分为三个层次：档案局（馆）内部的局域网、联结各个党政机关的政务网和联结互联网的外部公众网。网络基础设施是档案部门工作必备的，根据数字档案资源安全管理要求，数字档案馆网络基础设施既要实现局域网、档案业务网、政务网和互联网的互联互通，还要实现与互联网物理隔离。因此，路由器、交换机（核心交换机、接入层交换机等）、防火墙等设备必不可少，为进一步保障数字档案馆正常运行和保护档案数据安全，还需要配备漏洞扫描、入侵检测、安全审计等网络安全设施。

“三分技术，七分管理，十二分数据。”在数字档案馆建设过程中，为确保档案信息系统、档案与电子文件各类数据信息长期集中管理的安全、有效，档案数据中心机房建设是一个非常重要的环节。档案数据中心机房应按照《数据中心设计规范》的要求进行专业设计与施工，最大限度地为档案信息系统正常运行与档案数字信息管理提供安全保障。

任何一个数字档案馆的建设实施都离不开服务器、磁盘阵列等系统硬件设备的支撑，同时档案数据的安全性也离不开蓝光存储、移动硬盘和磁带库等备份设备的支持保障。服务器是数字档案馆建设中必备的基础设施，服务器的数量和性能配置，需要满足数字档案馆建设中的电子档案管理系统，以及数据库、中间件、全文检索、备份、安全防护等软件的部署和高效安全运行的需求，如条件允许可考虑设计冗余链路、双机热备等方案。为满足各种电子档案和传统载体档案数字化加工副本的安全存储、利用和备份需求，数字档案馆应配备高效稳定的磁盘存储阵列作为数字档案资源在线存储设备，考虑到数字档案资源的安全保存容灾备份策略，数字档案馆应该选择蓝光存储光盘库、磁带库或移动硬盘对档案数据进行相应的备份。

数字化加工设备是指将传统载体档案信息转换为数字档案信息的设备，是建设档案数字化文本数据、图像数据、声音和视频数据必不可少的设备。通常来说，纸质档案数字化加工设备主要有扫描仪、数码翻拍仪、缩微胶片扫描仪等。声像档案数字化加工设备主要有传统放音设备（放音机、录音机等）、模数转换设备、录音笔、放像设备（录像机、放像机等）和视频采集设备等。只有把档案馆各部门内部形成、运用的各种各类的档案信息资源加工转换为数字资源形式，统一进行存储、管理和整合，从有序的、线性的组织形式转变为网状的组织形式，共建共享，为档案管理工作提供动态性、实时性服务，才能真正实现档案数字化。

终端及辅助设备主要是用于数字档案馆工作的输入、输出设备，通常是指独立工作的计算机、打印机、复印机、自助查询终端和恒温恒湿防磁柜等。数字档案馆各项业务的开展必须依托这些设备，通过终端及辅助设备访问数字档案管理应用系统，完成档案信息处理工作。数字档案馆终端及辅助设备设置应考虑不同用户的需求，如社会用户的查档需求，归档部门档案管理员的工作需求，档案馆工作人员、档案馆聘请的数据加工和处理人员的工作需求，再根据不同的需求配备相应的设备，并设置相应的网络及应用系统权限。

按照《数字档案馆系统测试办法》和《档案信息系统安全等级保护定级工作指南》要求，为保障数字档案资源安全，应为数字档案馆配备防火墙、漏洞扫描、入侵检测、安全审计等安全保障设备。数字档案馆建设必须加强安全管理，遵守相关保密规定，根据国家有关要求，必须为数字档案馆采购、配置国产安全设备以确保档案管理信息系统和档案数据的安全。

2.电子档案管理系统建设

如果把基础设施看作“信息高速公路”，那么电子档案管理系统就是行驶在“高速公路”上的“车”，是档案部门开展工作所需要的各种软件平台。电子档案管理系统以档案管理业务的工作流程为主线，包含档案接收、档案整理、档案保存、档案利用、档案鉴定与处置、档案统计、系统管理等档案管理业务功能，是档案部门运用信息技术手段对电子档案进行接收、整理、保存和提供利用的计算机软件系统。电子档案管理系统建设应依据先进、实用、安全、发展的原则，系统结构应具备开放性，可实现与其他系统的功能集成、数据共享与交换。同时，系统应具备可扩展性，满足当前及可预见时间内的业务需求，便于进行功能扩展。系统运行应安全可靠，保存电子档案管理关键业务过程记录，根据需要采取电子签名、数字加密和安全认证等技术手段，保障电子档案安全，防止非授权访问。系统应依据电子档案保存和利用的业务要求，分别建立相应数据库。系统应能够管理符合国家、行业标准规定的多种门类、多种格式的电子档案。系统应具备对实体档案进行辅助管理的功能。

3.数字档案资源建设

“资源为主，数据为王”，数字档案资源是数字档案馆建设的核心内容，也是一项日常性的档案业务工作。数字档案资源建设包括电子文件接收、传统载体档案数字化加工转换、资源整理加工、建立各类专题资源库等工作。

文件是档案的前身，电子文件是未来档案的主要来源，档案部门应根据档案接收范围，建立电子文件接收进馆制度和机制，配备必要的技术手段，从源头上保证数字档案信息的真实性、完整性和可用性。档案部门应加强电子文件的管理工作，制定电子文件归档管理规范，实现从电子文件到数字档案的“无缝衔接”，做到“增量电子化”。传统载体档案数字化加工转换工作是把传统介质的纸质档案、缩微胶片、声像档案（如磁带、录像带等）等资源，通过扫描、拍摄、采集加工转换为数字化数据的过程，是数字档案资源建设解决“存量数字化”的重要途径。档案数字化加工工作涉及档案保管、保护、整理、鉴定、转换、存储、利用等多个环节，应当统筹规划，分步实施。档案数字化加工工作一般采取自主加工和委托加工两种方式进行。数字档案馆要想实现对数字档案资源进行有序、统一的管理，那么对数字档案进行检测、编目、格式转换、鉴定、划控和审核等资源整理加工是不可或缺的。数字档案馆可以通过格式转换、开放鉴定、利用审批等整理工作，在政务网或互联网上设置相应访问权限和创建对应数据的数字档案资源库。数字档案馆建设要求建立涵盖所有数字档案、具备长期保存和安全保障措施的资源总库，同时还应该根据本馆特色馆藏资源，建立各种特色专题资源库。专题数据库建设是在现有数字档案资源的基础上，通过有组织地分析、筛选、整合，把某一特定专题的档案集中、有序、系统地组织在一起，如企业历届领导、技术专家和各种先进人物专题档案数据库，企业机构沿革、党代会、职代会等会议类专题档案数据库，政策法规类专题档案数据库，建设项目和设备仪器专题档案数据库，产品或专项业务专题档案数据库，科技项目和成果专题档案数据库，企业质量或安全事故专题档案数据库，等等。档案管理部门应加强对档案资源的深度加工、编研和开发，根据本馆特色资源制作不同形式的档案资源库。特色资源库中应包括可全文检索的双层 PDF 文档、图片、音频视频等相关多媒体影像档案，丰富档案资源的内容形式。

4.制度规范建设

健全有效的制度和标准规范是数字档案馆建设的重要条件和保障。在数字档案馆建设过程中，要做到“制度先行”，只有建立完善的制度，在制度下健全组织机构，明确分工责任，才能保证项目建设质量。为确保数字档案馆建设的顺利实施，在建设项目启动之前，首要工作就是建立完善的制度，根据制度组建适用于数字档案馆项目实施、管理的全套组织和领导机构，明确数字档案馆建设各子项目人员的职责，分工到人、落实责任。数字档案馆建设是一项实现科学管理与档案信息服务的系统工程，基础是数字档案馆建设标准和规范的统一。只有建立和应用统一的标准与规范，才能满足各种形式的档案资源与不同方式的管理服务之间信息交流、利用与共享的需要。在数字档案馆的整个建设过程中，科学规划档案信息标准、规范建设，统一制定和推广实施数字档案信息标准和技术规范，建立完善的数字档案资源标准规范体系，确保档案信息的有效共享与自由交换，制度规范必须同步建设并根据建设项目具体实施情况不断完善。

5.安全保密体系建设

数字档案馆信息安全体系是信息化业务开展的重要安全保障，是一个包含技术（物理、网络、主机、应用和数据五个技术层面）和管理（制度、机构、人员、建设和运维五个管理层面）两大方面，并通过技术保障和规章制度建立起可靠有效的安全体系。数字档案馆建设与运行必须加强安全管理，遵守相关保密规定，安全设备配置齐全，严格控制档案信息资源利用范围，制定严密的信息发布审核制度，严格控制档案数据访问权限，制定完善的档案数据接收、移交、鉴定和发布等管理规范，制定完善的档案数据备份规范。

6.经费与人才保障体系建设

数字档案馆建设从启动开始，就需要长期、持续的经费保障予以支持。通常来说，基础设施和电子档案管理系统建设的首期投入经费较大，办公自动化等业务系统电子文件归档功能开发经费，以及基础的软硬件设施所需的长期运维、升级、更新所需的经费都要落实，数字档案资源建设特别是纸质档案、缩微胶片、声像档案等数字化加工费用对数字档案馆建设也是必不可少的。另外，对档案数据的安全备份、对电子档案管理系统的安全等级保护测评及整改费用、对档案管理人员的培训及继续教育所需费用等，也需要统一考虑。在数字档案馆建设工作中，档案管理人员除了要完成传统载体档案管理工作，还要承担电子文件归档、电子档案管理等新任务。人才队伍保障是数字档案馆建设的成功之本，是保证档案工作持续发展的关键，因此应加大人才建设力度，通过培训或引进人才，为数字档案馆的建设和运行储备既通晓信息技术，又精通档案信息资源管理、知识管理的复合型人才。

二、高校数字档案馆建设概述

（一）高校数字档案馆的定义

2001年，饶永就把高校数字档案馆定义为在现代信息技术普遍应用的基础上，高校以计算机技术和校园网络系统为依托，采用数字化、网络化的手段将电子档案信息资源进行有目的的整合处理，形成用于存储和利用的数字档案信息资源，因此，高校数字档案馆是一个由信息系统基础设施和组织机构组成的虚拟个体档案馆或者档案馆群。柯友良指出，学校数字档案馆是以数字化技术进行存储，以网络技术进行信息采集和管理，以超文本技术进行信息查询，以学校档案馆为主要信息源，连接学校各个部门，通过教育网连接全国各校，再通过互联网连接全世界，并对学校所有的档案信息资源进行有效的组织、管理和提供利用的一个信息化现代档案馆。

教育部和国家档案局制定的《高等学校档案管理办法》第三十八条，明确提出“高等学校应当设立专项经费，为档案机构配置档案管理现代化、档案信息化所需的设备设施，加快数字档案馆（室）建设，保障档案信息化建设与学校数字化校园建设同步进行。”

随着多媒体技术、电子计算机技术的日益发展和机读档案的逐渐增多，越来越多的高校普遍选择使用计算机设备和管理软件参与档案业务管理，高校的档案工作发生了根本性的改变。实现高校数字档案馆建设，既是高校档案建设的必然要求，也是高校档案信息化建设的重要组成部分。与高校传统档案馆相比，高校数字档案馆的建设实现了四个方面的转变，即档案的形式从纸质媒介向数字信息转变、管理的手段从落后向高效先进转变、档案的利用职能向管理和信息服务职能转变、档案管理的内容从档案的保管向信息的采集转变。数字档案馆最突出的特点是信息资源的共享性。利用现代先进的信息技术和互联网环境，高校数字档案馆的信息资源可以将世界各地的图书馆、档案馆和数以亿计的计算机联为一体，利用档案信息库、信息数据库、参考服务平台等，实现网络信息和档案信息的跨地域、跨行业、跨国界传输和服务，突破了时间和空间的限制，实现档案信息资源大规模共享。高校数字档案馆是以学校各实体档案部门为依托的，是实体档案部门的重要补充。

（二）高校数字档案馆建设的内容

高校档案是指高校在从事招生、教学、科研、管理等活动时，直接形成的对学生、学校和社会有保存价值的各种文字、图表、声像等不同形式或载体的历史记录。高校档案馆是高校保存学校档案并提供利用服务的专门机构，是学校的历史记忆库。高校数字档案馆的建设过程是将信息技术应用于学校档案工作的各个环节。

从建设的角度来看，高校数字档案馆建设的重心是记录学校发展的数字档案资源，为师生和社会提供档案信息服务，主要包括基础设施建设、电子档案管理系统建设、数字档案资源建设、制度规范建设、安全体系建设和经费与人才保障体系建设等。

1.高校数字档案馆基础设施建设

基础设施是数字档案馆建设的基本前提，是数字档案信息资源“收、管、存、用”

的基础。对于大多数高校来说，数字档案馆建设起步较晚，加上经费和人力有限等原因，馆内自有的基础设施不足以支撑全校的数字档案工作，大多需要借助学校信息化部门的力量实现共建，需要借助数字校园的力量来共同铺设网络基础设施、数据中心机房、系统硬件设备、数字化加工设备、终端及辅助设备和安全保障设备等数字档案馆建设所必需的“信息高速公路”。

高校数字档案馆主要面向校内档案工作人员、师生和校友三类用户服务，基于这三类不同的服务对象，高校需要建立档案工作局域网、校园网和公众网三个层次的网络平台。根据《档案信息系统安全等级保护定级工作指南》等档案标准规范的要求，高校应借助现有的、完备的校园网络，购买核心交换机、接入层交换机和防火墙等设备，建立档案工作局域网，充分利用 VPN（Virtual Private Network，虚拟专用网络）技术，在安全的校园网基础上构建面向师生和校友的档案网络平台。

目前绝大部分高校都还没有自己独立和完备的档案数据中心机房，但随着高校办学规模的不断扩大和数字档案资源的递增，只有建立档案数据中心机房，才能确保档案信息系统、档案与电子文件等各种各类数据信息集中管理和长期安全保存。现在许多高校都在建设新馆，鉴于档案数据中心机房的重要性和档案工作的前瞻性，具备条件的高校应当建设符合《数据中心设计规范》的档案数据中心机房。

高校在配置承载数字档案馆的所有业务应用的服务器和磁盘存储阵列等系统硬件设备时，必须从高速运算能力、长时间可靠运行、存储容量等方面综合考虑服务器和磁盘存储阵列等设备的配置。“硬件要硬”要求硬件平台 7×24 小时不间断地为档案业务提供运算和存储服务。鉴于档案数据的唯一性和重要性，数据备份设备也是必不可少的。

目前大部分高校档案数字化程度不高，应配置高速扫描仪、数码翻拍仪、缩微胶片扫描仪和音频视频数字化设备等设备，利用扫描技术、图像处理技术和多媒体技术，把传统载体的纸质档案、声像档案、缩微档案等档案进行数字化加工处理，转换为数字资源，加快馆藏档案数字化建设步伐。

高校档案馆应配置计算机、打印机、复印机、自助查询终端和恒温恒湿防磁柜等终端及辅助设备，根据不同的用户需求来设置不同的权限，让档案馆工作人员、归档部门档案管理员、师生和校友通过终端及辅助设备访问数字档案管理应用系统，完成档案信息处理工作。

为确保档案信息和数据安全，高校数字档案馆建设应充分借助数字校园建设的力量，为数字档案馆配备防火墙、漏洞扫描、入侵检测、安全审计等国产安全保障设备，保障数字档案资源的信息安全。

2.高校电子档案管理系统建设

电子档案管理系统是高校进行档案工作所需要的各种软件平台，以学校档案管理业务的工作流程为主线，包含档案接收、档案整理、档案保存、档案利用、档案鉴定与处置、档案统计、系统管理等档案管理业务功能。电子档案管理系统应参照 OAIS（Open Archival Information System，开放档案信息系统）模型进行设计开发，遵循国家档案局印发的《电子档案管理系统基本功能规定》，保障档案信息资源的长期保存和安全传输。同时电子档案管理系统应结合学校档案管理的实际情况，以校园信息化建设为基础，充分考虑当前信息技术的发展趋势，以学校各部门和社会利用档案的需求为出发点，严格遵照信息化和档案管理方面的法规和标准，严格遵守国家及行业相关规章制度和技术标准规范，以校园网络为基础平台，结合学校各部门业务管理系统归档需求，实现 OA（Office Automation，办公自动化）系统与档案管理系统的有机衔接，使电子档案管理系统与教务管理、学生管理、科研管理等应用系统之间的数据交换、集成和整合目标得以实现，完善电子文件的归档工作。高校应根据师生的档案信息服务需求，建立门户网站、资源发布、学籍档案、声像档案和数字化加工等系统平台，实现档案资源存量数字化、增量电子化、利用网络化，为学校的教学、科研、管理工作提供方便、快捷的档案信息利用服务。

3.高校数字档案资源建设

数字档案资源是数字档案馆建设的核心内容。高校数字档案资源建设包括电子文件接收归档、馆藏档案数字化加工、档案资源整理加工、建立各类专题资源库等工作，是高校日常性的档案业务工作。

《高等学校档案管理办法》指出，高等学校应当对纸质档案材料和电子档案材料进行同步归档。目前大部分高校都运用办公自动化系统、学工管理系统、教务管理系统、科研管理系统、资产管理系统、人事管理系统和财务管理系统等多个信息化平台来进行日常的教学科研管理活动，随之产生了大量的电子文件，高校档案馆应当根据档案接收归档范围，建立电子文件接收进馆的相关制度和机制，配备必要的技术手段，实现从电子文件到数字档案的自动归档。一些高校因办学历史悠久，馆藏的传统载体档案数量较多，且并未开展数字化加工外包服务，馆藏档案数字化加工工作进展较为缓慢。高校档案馆应根据学校的具体情况，统筹安排，争取数字化加工外包，加快“存量数字化”进程，运用现代信息技术对档案数字资源进行统一集成和组织管理，以便于后期对学校的数字资源进行整理、编研和深度开发；高校档案馆应根据学校特色建立学科特色馆藏档案专题资源库和名师、知名校友等人物专题库，充分发挥档案的“存史、资政、留凭、育人”功能。

4.高校数字档案馆制度规范建设

健全有效的制度和标准规范是高校实施数字档案馆建设的重要基础和保障。高校档案部门负责保管学校的档案和提供档案资源，为高校及社会服务；同时，负责对高校档案工作进行业务指导、监督和检查。高校在开展数字档案馆建设工作时，必须强化依法治档、依法管档的观念，加强和完善档案管理的制度建设，根据数字档案馆建设工作中出现的新情况，不断补充和完善档案业务工作规范。高校在进行数字化校园建设中会产生许多数据，只有建立和应用符合学校实际情况的统一标准与规范，才能满足各种形式的档案资源、不同方式的管理服务之间的信息交流、利用与共享需要。

5.高校数字档案馆安全保密体系建设

高校在开展数字档案馆建设工作时，必须坚持档案管理“为党管档、为国守史、为民服务”的工作原则。高校档案馆和档案服务机构应建立健全安全保密规章制度，明确管理机构和人员。高校委托校外的档案服务机构承担数字档案馆建设工作，必须到档案部门和安全保密行政管理部门备案，只有具备相应的服务资质和备案证书的档案服务机构，才能开展相应的数字档案馆建设工作。高校应当与档案服务机构签订安全保密协议，针对具体的数字档案馆建设项目制定相应的安全保密工作实施方案。相关安全保密管理人员要落实岗位责任制，对项目实施场所进行符合安全保密要求的统一管理，对数字化流程和成果进行规范管理，对用于档案数字化的信息设备及存储介质进行检查登记，并按相关保密标准和安全规范进行管理，确保档案实体、数字信息及档案数字化成果的安全，严防泄密事件发生。

6.高校数字档案馆经费与人才保障体系建设

《高等学校档案管理办法》明确提出，高等学校应当设立专项经费，为档案机构配置档案管理现代化、档案信息化所需的设备设施，加快数字档案馆（室）建设，保障档案信息化建设与学校数字化校园建设同步进行。除了经费保障，数字档案馆建设对档案人才队伍建设的要求是建立一支复合型的专业人才队伍，要求档案人员具备扎实的档案专业知识和与信息技术相关的理论知识，熟练掌握信息处理技术并具备一定的信息处理能力，依法管理和开发档案信息资源，具备较强的研究能力、创新能力和管理能力，同时具备团结协作精神。高校应制定可持续的档案人才发展战略，加强档案人才队伍建设，以保证数字档案馆建设的持续开展。数字档案馆建设是一个庞大的、长期的系统工程，只有提高思想认识，加强组织领导，完善管理体制，健全规章制度，加快人才培养，保障经费投入，才能保障数字档案馆建设工作的启动、建设、升级更新和长期运行。

第二节 高校数字档案馆建设的意义

一、高校数字档案馆建设中存在的问题

档案管理是高校重要的基础性工作，为高校教学、科研、管理等各项工作提供服务，为社会提供档案信息利用服务，同时承担档案育人的重任。国家档案局提出加强档案信息化建设工作以来，许多高校纷纷加快了数字档案馆建设步伐。各高校经过多年的努力，从档案目录著录到档案全文检索，从传统载体档案到电子文件自动归档，成果丰硕，但因为高校档案具有专业性和复杂性，且各高校实际情况各不相同，目前部分高校在数字档案馆建设中还是存在一些问题。

（一）思想观念较为保守

档案工作“重保管轻利用”的思想观念由来已久，部分高校档案工作者认为，工作的重点应该是保管好馆藏档案，被动提供查档服务即可，建设数字档案馆的必要性也不是那么迫切。任何工作的开展，提高思想认识是前提，只有正确认识到数字档案馆建设是学校发展和档案事业发展的必经之路，正确理解和把握数字档案馆建设的概念、目标、原则、步骤和技术等，转变档案管理理念，充分认识到高校数字档案馆建设是数字中国建设的重要组成部分，才能切实提高学校档案管理水平。

（二）规章制度不够完善

健全的规章制度是良好开展一项工作的基础，目前部分高校的档案规章制度还是停留在传统的手工管理档案阶段，无法适应和解决数字档案馆建设和运行出现的新情况。这可能会导致建设工作难以推进，建设质量和效果难以保证，工作效率不高，也无法看到数字档案馆建设后给学校档案管理工作带来的良好效益。

（三）缺乏顶层组织领导

数字档案馆建设是一个系统工程，需要对其进行顶层设计和统一规划。高校在建设工作开始时就需要对本校档案业务进行总体构想和系统设计，从全局的角度注重规划设计与实际需求的紧密结合，对数字档案馆建设的结构、功能、层次、标准进行统筹考虑和明确界定，注重现代信息技术在符合本校实际的档案管理业务中的具体应用。如果缺乏顶层设计和统一规划，建成的系统没有和校内其他业务系统进行数据对接和系统集成，就可能形成新的“信息孤岛”，难以保障数字档案信息的真实性和完整性，也不能保证数字档案资源的可用性。

（四）档案数据条块分割

大部分高校已建立了健全的档案工作网络，但因为档案数据涉及学校的党务、行政、教学、财务和科研等部门，部分高校的归档部门和档案馆之间缺乏及时有效的沟通，加上档案馆相对封闭，受档案安全保密等保守思想影响，难以对档案数据形成全局、有效的管理、规划与协调，容易造成条块分割，缺乏有效的档案信息资源共建共享机制，严重制约了数字档案馆部分功能的实现，最终会影响数字档案馆的建设效果。

（五）缺乏相关人才队伍

高校档案资源内容丰富，类型多样，数字档案馆所需掌握的现代信息技术较多，需要引进掌握档案学和计算机相关学科知识的复合型人才。然而，因人员编制受限和工作环境等问题，这类复合型人才在高校档案馆普遍缺乏，现有的档案工作者往往缺少学习动力，安于现状，学习进修和业务培训机会较少，导致在数字档案馆建设项目的具体实施过程中，人才队伍难以保障。

（六）经费投入保障不足

大部分高校在建设数字档案馆时，因为运行经费紧张而去申请专项经费，申请到的专项经费虽然可以暂时解决数字档案馆的燃眉之急，但档案工作是一个持续性的长期工作。高校数字档案馆建成后，每年的数字化加工、档案资源开发和设备的运维等都需要持续的经费投入，没有经费投入保障就不能保证数字档案馆的持续运行和学校档案事业的长期发展。

二、高校数字档案馆建设的目的

高校数字档案馆建设将为学校提供全方位的档案信息服务。通过对高校各种类型的档案信息资源进行数字化加工、开发、集成和远程利用，高校数字档案馆能够长期保存及开发整合学校发展的历史记忆，进一步弘扬校园文化。高校数字档案馆建设在提高档案管理工作效率、实现信息资源共建共享等方面有积极的意义。

（一）保存历史记忆，弘扬校园文化

人们在使用办公自动化和各类教学科研管理应用业务系统平台时，会产生大量的电子文件，运用数字档案馆系统对这些信息进行采集归档，可以避免档案数据遗失。同时，高校可以建成一个资源更为丰富、以数字档案信息资源为中心的信息资源库，为师生和社会校友提供更为有效的档案信息服务，同时数字资源能帮助人们更方便快捷地开展校史研究等专题的编研工作，丰富校园文化资源，充分发挥档案的育人作用。

（二）摆脱时空限制，提供档案服务

随着高校办学规模的扩大，档案数据剧增，数字档案馆在建设过程中把传统载体档案数字化加工后，使用服务器和磁盘阵列存储后对数字档案资源进行传输、开发和利用，可以有效摆脱传统档案馆库房紧张的空间限制。建成后的数字档案馆系统可以通过远程利用功能，7×24 小时为师生校友提供服务，突破了传统的必须在上班时间面对面的时空限制，实现“见面越来越少，服务越来越好”。

（三）规范档案工作，提高工作效率

数字档案馆工作人员可以利用管理系统，对数字档案资源进行规范编研和统一管理，以避免传统载体档案管理带来的不便，运用身份认证、权限访问控制和加密传输等技术，确保档案资源的安全使用与合理利用，有效保证档案的安全；同时在数字档案馆建设中借助人工智能的技术和理念，可以实现对档案信息的自动著录、分类标引、数据校验、智能划控、自助服务和声像档案内容的智能识别等。对数字档案进行更为有效的分类和组织，能有效提高档案管理工作效率。

（四）全文检索利用，挖掘档案资源

相比传统的档案目录库检索依赖于档案元数据的字段著录，数字档案馆采用 OCR（Optical Character Recognition，光学字符识别）技术对档案库中的档案进行全文识别，建立全文索引库，实现档案全文检索，既有利于后期档案信息资源的深度开发与挖掘，也有利于档案资源的精准检索和全文利用。

（五）提供交流互动，共建共享资源

数字档案馆既可以通过远程利用系统和网络平台为世界各地的师生、校友提供服务，也可以通过权限分配、访问控制和加密传输等为用户提供远程档案利用服务。现在的用户自助服务意识较强，数字档案馆建成后发布那些允许公开的档案供用户自主查询利用，还提供自助服务终端供查档用户授权使用；同时，档案管理员可以使用实时互动交流工具为用户在线解答疑问，及时服务用户。区别于传统档案，不同的档案部门也可以通过数字档案馆有选择地共建共享档案信息资源，通过档案信息的发布与传递，有效地实现档案信息资源的共享，促进文化交流。

第二章 高校数字档案馆建设的目标、原则与步骤

第一节 高校数字档案馆建设的目标

高校数字档案馆建设的目标是充分运用现代信息技术，全面推进学校档案资源存量数字化、增量电子化、利用网络化，不断改革完善传统的档案管理模式，创新档案信息化管理模式，应用信息技术，有效提高档案信息资源收集、管理和提供利用服务水平，把现代信息技术普及到档案工作的各个环节和与档案工作有关的各业务部门中，使数字档案馆系统覆盖档案工作的各个环节和各门类档案管理业务，从而提升以信息化为核心的档案管理现代化水平。

从建设的角度来看，高校数字档案馆本质上是一个信息管理系统，承载着高校数字档案资源的收集、保管、存储和利用等档案管理业务功能。在日常的学校档案管理工作中，档案管理人员通过信息化手段完成学校档案工作中的“收、管、存、用”等日常业务，并通过数字档案馆系统保障档案业务工作的规范化。系统的使用使各项档案业务规范得以在档案馆和归档部门贯彻执行，确保档案资源的前端管理、全过程管理、资源化管理、知识化管理和规范化管理。

高校数字档案馆应围绕学校档案工作，建立健全档案资源体系、档案利用体系和档案安全体系。档案资源体系应全面覆盖高校教学科研管理产生的具有保存价值的内容，“对历史负责，为现实服务，替未来着想”，对学校在发展过程中产生的党群类、行政类、学生类、教学类、科研类、基本建设类、仪器设备类、产品生产类、出版物类、外事类、财会类电子档案和实体档案进行收集整理，科学整合。档案利用体系应当充分使用现代信息技术，创新服务方式，借助电子档案和馆藏数字化档案开展网上利用服务，促进档案资源共享，“为党管档、为校为国守史、为师生为人民服务”，主动开发档案

资源，加强档案编研，对馆藏档案资源进行分析研究、综合加工、深度开发，提供深层次、高质量的档案信息产品，不断挖掘档案的价值，努力把“死档案”变成“活信息”、把“档案库”变成“思想库”，积极主动提供档案信息服务，通过报送或推介相关档案信息、编辑出版档案选编、举办档案展览、制作电视节目、发布网络视频、发行音像制品等方式，全方位为师生和社会用户提供档案信息服务。档案安全体系的核心是档案实体安全和档案信息安全，档案的原始记录性注定了档案是不可再生资源，档案一旦遭到破坏，将无可挽回。档案安全，始终是档案工作的生命线和底线，是档案部门的基本任务和第一要务。数字档案馆在建设过程中，要修订、完善各项安全管理制度，细化、落实、覆盖到档案工作各环节、各岗位中。针对档案工作各个环节，制定相应的档案安全管理制度，明确任务，责任到人，防患于未然，将安全检查工作常规化、制度化，建立健全人防、物防、技防三防一体的档案安全防范体系，建立完善档案安全应急管理制度，制定应急预案，把档案库房列入重点保护范围，确保当档案受到危害时能够得到优先抢救和妥善处置，把损失降到最低。对重要电子档案实行异地异质备份保管，确保重要档案的安全，按照国家规定建立档案信息管理系统，健全安全保密防护体系，推进档案信息系统安全等级保护和分级保护工作，建立标准，采取措施，严查档案开放、利用、公布的审查、审核、审批手续，严防文件、档案在传输过程中丢失泄密，确保电子文件、电子档案长期保存和利用，确保电子档案的真实性、完整性、可用性和安全性，严格执行档案安全保密管理制度，保障档案信息安全。

第二节 高校数字档案馆建设的原则

高校数字档案馆建设是一项长期且复杂的系统工程，事关学校档案工作的全局和长远发展，也是数字化校园建设和学校发展的重要组成部分，在建设过程中应当遵循以下原则：

一、顶层设计，统筹规划

要使高校数字档案馆建设工作获得持续的资金、技术和人才支持，数字档案馆建设工作必须纳入学校发展的整体规划，纳入数字化校园建设的整体规划，从而增强数字档案馆持续建设和发展的动力。高校档案馆在制定和执行标准规范时，要考虑学校数字档案馆的标准规范与数字化校园保持一致，充分考虑数字化校园和学校档案管理的实际情况，为档案信息资源与学校信息资源的共建共享、互联互通打下基础，创造条件。高校档案馆在制定数字档案馆建设规划时，要立足长远，既要把握国家数字档案馆发展的战略目标和政策方向，又要深入了解学校档案工作的现实基础和发展需求。数字档案馆建设不是单纯购买一些硬件设备或一套管理软件那么简单，数字档案馆建设规划方案应该遵循信息资源建设的规律，从顶层自上而下地设计，站在学校资源管理全局的高度，为实现数字档案馆的建设目标而进行有计划的规划，设计好各个档案管理信息系统的建设标准规范、档案移交接收标准、质量检查标准、目录数据库标准、各类档案资源著录的元数据标准规范、档案鉴定标准、档案存储载体标准、档案利用控制标准、档案安全体系建设标准规范，以及加强相关的人才队伍建设、制度保障等。档案部门需要处理好档案馆与电子校务、档案馆与各归档部门、档案管理人员与归档部门管理人员、档案管理人员与师生校友等之间的复杂关系，从而实现以数字档案馆建设来促进学校数字校园建设工作、规范档案管理工作、促进校内各部门之间信息资源的共建共享、消除信息孤岛的目标。

二、循序渐进，持续发展

数字档案馆建设是一个长期的工程，需要注重整个工程项目的循序渐进和持续发展。现在大部分高校数字档案馆建设工作滞后于学校的数字化校园建设水平，因此高校数字档案馆建设需要结合学校的实际情况，规划一个总体、完整、长远的实施方案。在具体实施时，要全面了解学校信息化和数字化的建设情况，包括建设的现状、发展规划、建设的标准规范及相关系统的开放共享程度，并在此基础上对学校数字档案馆建设工作进行规划、设计和实施。在具体实施项目前，高校要了解档案工作的基础条件和档案工作的发展水平和状况，包括档案收集、整理、存放和利用的具体工作状况，档案信息资源的具体数量和质量，已有的档案设备条件，以便于制定贴合学校实际的具体发展规划和切实可行的建设方案。在项目具体建设实施时，需要把复杂庞大的数字档案馆建设项目分成若干相对独立并先后连续实施的子项目，确立优先次序，分期选择重点，合理安排，稳步实施，分阶段、有步骤地持续推进。

对于高校数字档案馆建设工作来说，一般应按照数字档案馆系统规范，建设安全可靠、布局合理的局域网、校园网、互联网三网隔离的档案网络平台，配备必要的防火墙、漏洞扫描、入侵检测、安全审计等网络安全设施，把数字档案馆的“高速公路”建设好；配备满足开展数字档案接收、管理、利用等业务应用系统工作需要的服务器和存储设备，按照实际情况，升级和定制开发与自身业务最相符的数字档案管理系统，落实数字档案馆的“车”；依据本馆的馆藏实际情况，分批次有序开展馆藏数字化加工工作，开展电子文件和电子档案的管理工作，装载丰富的“货”；在整个建设过程中始终需要考虑必要的人、财、物的支持，建立相应的安全保障体系以保证数字档案馆建设的效果和保障档案信息安全，这相当于制定相应的“交通规则”。

三、业务导向，利用优先

高校数字档案馆建设应围绕高校的教学、科研、管理等重要活动的开展，收集相关的历史记录，注重管理好以学校、学生、教师为主体形成的具有保存价值的档案。建设时应充分了解学校的档案管理业务，从学校档案的收、管、存、用等各个环节考虑相关的资源建设工作，为收集档案资源而建立档案信息采集平台，为管理档案资源而建立档案管理信息系统，为保护档案安全而建设档案保护系统和备份系统，为满足档案利用、档案信息服务需求而建立档案网站、档案资源发布平台、档案利用预约和档案远程借阅等平台。在高校数字档案馆建设过程中，应以记录学校发展的档案资源为中心，优先开发重要档案资源，重点收集相关的电子文件和电子档案。馆藏档案资源数字化建设也应以需求为导向，对馆藏珍贵档案、有重要保存价值和使用价值的档案、形成年代相对较早的档案、有特色的档案、利用率高和需求大的档案应优先进行数字化处理。建设档案网络平台有利于电子文件的归档管理、档案信息资源的共建共享和网络利用。数字档案馆建设时，要充分考虑学校电子校务的具体情况，基于校园网搭建电子文件管理平台，构建电子文件和电子档案管理系统，对电子文件实行从电子文件的采集到电子档案的收集、保管、利用的全过程管理，相关的管理信息系统的功能实现、操作界面等应尽可能符合用户操作习惯，对电子档案、档案数字资源的存储格式的选取应符合长期保存需要，以便于共享和利用。

四、安全保障，科学管理

高校数字档案馆建设应充分考虑档案资源安全保密和数据敏感的特点，与涉密档案相关的工作必须严格按照保密工作的要求执行，与非涉密档案相关的工作也应满足信息安全等级保护的要求。高校数字档案馆建设应评估数字档案系统的安全风险，采取相应的安全保障技术方法，配备必要的安全设施设备；严格遵守国家法律法规和标准规范，建立健全安全保密管理制度，明确档案工作中相应部门的安全职责，明确部门安全管理员、应用管理员、系统管理员、网络管理员等岗位职责，必要时还应明确安全保密管理员、安全审计员等岗位职责，确保档案信息安全。同时要对档案实体进行相应的安全保护，运用现代科学技术建设智能档案库房，在库房中建立温湿度自动控制系统、自动防盗报警系统、自动防火报警及灭火消防系统、视频监控系统、门禁管理系统等；对于档案数据中心机房还应保证设备的恒温恒湿、屏蔽强电磁干扰、防雷接地、提供UPS不间断电源供电和提供完善的安全备份策略等，防止档案实体和档案数字资源的破坏和丢失。

第三节 高校数字档案馆建设的步骤

高校数字档案馆建设是一个庞大的系统项目，项目建设步骤一般按照IT系统项目化运作，经过规划、立项、实施、验收、运维等环节。

一、项目规划

（一）成立项目工作组织

高校在数字档案馆建设规划阶段就应设立相应的组织机构和选取项目成员来确保工作的顺利开展，一般会成立一个项目建设小组，小组成员主要由档案部门领导、档案馆工作人员、学校信息化建设部门人员、学校保密委员会成员等共同组成。项目建设小组负责数字档案馆建设工作的规划、实施方案、制度的制定，具体建设工作的实施、推进，后期建设工作的检查、总结与考核。

（二）制定项目方案

在制定项目方案之前，应当做好充分的前期调研。高校首先要了解全国和地方数字档案馆建设的情况，了解学校数字化程度和电子校务的建设情况，确定档案管理工作的实际情况和发展目标。在此基础上，选择国内经济发达地区，有针对性地对高校数字档案馆建设情况进行调研和学习，学习其他学校数字档案馆建设成功的经验，通过详细的调研、学习，掌握大量的第一手材料，再结合实际情况，制定出符合学校档案管理实际状况的规划方案，实现数字档案馆建设的最终目标。

在制定项目建设方案时，高校应当从数字档案馆项目建设的必要性、成本、收益、风险等方面研究建设的可行性，并形成可行性研究报告，特别是要对当前数字档案馆建设的各种保障条件、建设环境等实际情况，以及建设的需求、最终达到的目标进行充分论证，坚持需要和可能的原则，区别轻重缓急，将建设目标中的关注点放在力所能及的范围内，着力解决档案管理中的现实问题。学校档案部门要对档案管理工作的业务需求、功能需求和数字档案馆系统部署方式进行详尽的分析，形成需求任务书，并将其纳入建设方案。建设方案的内容应包括建设目标、建设内容、建设步骤、经费需求、实施计划等。编制项目方案通常与编制项目规划同步进行且互为支撑，是后期建设项目立项和工程设计的基础。

二、项目立项

高校档案馆准备好数字档案馆相应的规划方案后，即可向学校提出项目立项申请。为确保项目投资的科学性，在立项决策之前，学校应组织同行专家对项目可行性研究报告和建设方案进行论证评审，明确界定项目的建设目标、涉及的档案业务范围及项目建设需要进行沟通和协调的单位；档案业务需要具体考虑哪些档案管理工作可以通过数字档案馆进行优化、升级或重构，系统建设需要与学校哪些业务系统进行集成，目前具备哪些集成的条件，这些都需要进行详细论证。同时，应确定项目预算，预算时应考虑学校的环境、部门的实际情况、历史数据迁移、设备购买、项目管理、项目实施、人员培训、系统运维等问题。评审时，专家应对项目的可行性报告、规划、方案在投资效益上的合理性，建设方案的可行性及项目组织实施的科学性进行充分论证和评审，通过评审后提交学校有关部门立项实施。

三、项目实施

人才队伍是数字档案馆建设工作的保障，高校档案馆应通过提升现有人员专业技能和知识水平的方式，充分发挥现有人员的优势，加强培训学习，提高整支队伍对数字档案馆建设工作的认识，提高他们的业务能力，建设数字档案馆管理人员、业务人员、技术人员等相互配合的人才队伍；现有人员不足的，应通过引进、组建项目组等方式补充人员，或采取档案服务外包的方式来保证数字档案馆项目建设的效果和质量。

数字档案馆建设是在现有的档案业务工作基础上开展的。在项目实施初期，高校需要对本校档案管理基础业务进行完善与规范，完善档案管理制度，理顺档案管理体制机制，实现档案工作的集中统一，规范档案管理业务流程，统一各种类别档案的归档交接及管理中涉及的表格、报表等。健全的规章制度是工作开展的基础，高校档案馆应根据项目进展情况有步骤地制定相关管理制度、标准规范和管理办法细则。优先采用国内成熟标准规范作为学校档案信息化工作标准规范，国家标准规范不能满足需求或无相应标准规范的应自主编制，形成的标准规范和管理办法应定期或不定期更新。在数字档案馆建设系统运行前，应完成所有管理制度、标准规范和管理办法细则的制定，以使档案工作更加规范。

高校数字档案馆建设应依托学校现有的信息化基础设施，配置数字档案馆建设和运行所需的硬件设备。对于现有硬件无法满足的，应根据未来学校档案数据增长情况、系统使用人数、安全保密需要、系统部署方式等逐步予以配备。在充分征求档案部门、业务部门、各归档部门的意见的基础上，对档案管理信息系统的功能需求进行细化，形成功能需求方案。功能需求方案应既符合档案管理的实际需要，又便于系统开发人员理解，并能够在系统开发中实现。管理信息系统可以通过招标、竞争性谈判等方式选定系统开发商，确定合同和协议文件，协商确定技术细节和系统开发、安装的时间节点。系统开发商根据前期确定的需求设计报告和学校档案管理实际，对档案管理信息系统原型进行定制开发，然后在学校档案部门安装已经开发好的系统，包括数据库安装、软件安装等。

系统在学校本地档案工作网络内安装部署好后，可以开始基础数据准备和历史数据迁移工作。基础数据准备的主要工作包括界面设置、数据库结构设置、档案分类设置、代码设置、赋权方案确定、用户设置等，基础数据应以文件形式保存，以供后续维护时备查；历史数据迁移主要是把原有档案管理系统的数据和未使用管理系统的数据完整无误地导入现用档案管理系统的过程，历史档案数据经过导入、清洗、校对后，便于在新上线的档案管理系统中统一管理和整合利用。

在系统上线运行前，还应当进行系统测试，主要包括功能测试、性能测试、安全保密测试和兼容性测试，测试工作可自主进行，也可委托具有资质的第三方机构完成，所有测试过程均应形成书面记录，包括测试用例、测试过程、测试结果等。高校档案馆应对档案管理人员、部门归档人员及系统维护人员等进行培训，将原有系统中运行的业务和数据迁移到新上线系统中进行试运行，并监测系统运行情况。

高校档案馆应按照“重要性、常用性、急用性、抢救性、珍贵性”的原则，结合实际，分步推进馆藏档案数字化工作，优先对重要的、常用的、急用的、老化严重的和珍贵的档案做出数字化处理，对这部分档案进行抢救和保护的同时可以解决资源保护与利用的矛盾。如果自主完成对传统载体档案进行数字化加工的工作有困难，可采用外包的方式，或采用外包与自主完成相结合的方式。档案数字化外包应按照《档案数字化外包安全管理规范》的要求做好安全管理工作。高校档案馆应当根据办学特色和办学定位，结合馆藏特色学科、重点学科的资源特色，建立各种专题数据库，充分开发馆藏档案资源，为学校学科建设和教学科研管理提供更多的档案信息服务。

档案部门应在对学校电子文件管理和归档实际情况进行充分评估的基础上，制定详细的技术方案和电子文件归档计划，提出归档业务和相应系统的改造方案，在系统和设备升级改造完成后，有步骤地开展电子文件归档工作。电子文件归档的相关工作应参照《企业电子文件归档和电子档案管理指南》等规定和要求进行。正在实施或将要实施的信息系统应按照《企业电子文件归档和电子档案管理指南》等规定和要求做好相关工作，待投入运行使用后，根据该类电子文件形成的数据特点开展电子文件归档工作，按照《企业电子文件归档和电子档案管理指南》等规定和要求，对接收的电子文件和电子档案进行真实性、完整性、可靠性、可用性检测，确保电子档案长期可用。

四、项目验收

数字档案馆建设使用的设备和系统在试运行一段时间后，应组织验收组对设备和系统的功能、质量、使用效果，以及各项指标是否达到合同及技术协议规定的要求进行评审验收，并根据评审过程中分析的结果，找出系统的薄弱环节，提出整改意见。完成数字档案馆建设工作后应进行试运行，确保每个设备、每个系统、每个模块均达到了档案业务要求，实现了建设目标，最终形成数字档案馆建设总结报告、试运行报告、系统检测报告和用户报告等。组织专家根据设计方案、合同协议、任务书等进行验收，建设工作达到《数字档案馆系统测试办法》要求的，可向国家档案行政管理部门申请测评。

五、项目运维

从高校数字档案馆投入使用，甚至从某一个档案管理新系统上线运行开始，对系统进行管理和维护就成了数字档案馆管理工作的主要任务。高校数字档案馆运维的目标就是在“变事后处理为事前预防”运维管理理念的指导下，有效收集、整理、加工、分类、存储和利用各类档案资源，建立并完善长效的管理服务体系和机制，确保各类数字档案资源能够准确、高效、稳定、持续地为师生校友提供服务。

项目运维应参照《档案信息系统运行维护规范》等标准规范的要求开展运维工作：结合学校实际工作情况，建立数字档案馆建设运维工作的组织机构，明确其职责；根据档案部门实际情况，确定运维对象和内容，选择适当的运维模式；基于运维体系，开展档案管理系统、档案数据安全防护和备份等的运维工作，确保建设工作的持续开展和质量，同时确保档案信息长期保存和安全。

第三章 高校数字档案馆基础设施建设

第一节 高校数字档案馆数据中心建设

一、数据中心在数字档案馆建设中的重要性

数据中心是全球协作的特定设备网络，用来在Internet网络基础设施上传递、加速、展示、计算、存储数据信息。高校数字档案馆建设中的数据中心是为集中放置的电子信息设备提供运行环境的场所。随着越来越多信息化项目的实施，数据中心成为集中、集成、共享、分析业务系统与数据资源的场地、工具、流程等的有机组合。信息化的基础是数据中心，可以说，没有数据中心就没有信息化的持续发展。

高校经过多年的信息化建设，已建立了标准的数据中心，但大部分档案馆都还未建立符合标准的档案数据中心机房。《浙江省档案馆计算机网络中心机房建设基本要求（暂行）》规定，档案馆要适应实施档案与电子文件登记备份战略和推进数字档案馆等信息化项目需要，新建档案馆的单位在新馆建设中，应将计算机网络中心机房纳入统一规划与建设，在档案馆现有用房中新建、改建或扩建计算机网络中心机房，都要建设功能先进、运行可靠的计算机网络中心机房，确保各信息系统、档案与电子文件各种数据信息长期集中管理的安全、有效。

随着数字校园建设的发展和数字档案馆建设的持续开展，高校档案馆将拥有越来越多的数字资源，为了长期保存学校发展的历史记忆，高校应当筹建档案数据中心。各高校在开展新馆建设工作时，应该把档案数据中心机房纳入新建档案馆的规划中。

二、高校档案数据中心的建设要求

高校在建设档案数据中心时，应该依据《数据中心设计规范》和参照《浙江省档案馆计算机网络中心机房建设基本要求（暂行）》等相关标准和行业规范进行规划设计和建设。

（一）总体要求

高校在新建、改建和扩建档案数据中心机房时，机房的环境必须满足各种电子设备对温度、湿度、洁净度、电磁场强度等的要求，同时考虑防火、承重、防雷、防潮、防尘等情况，建设一个安全可靠、舒适实用、节能高效、技术先进和具备可扩展性的机房，确保电子信息系统安全、稳定、可靠地运行，保障设备 7×24 小时不间断安全运行和档案数据安全。

（二）选址布局与面积

档案数据中心机房应选在档案馆建筑相对核心的位置，对安全、设备运输、管线敷设、雷电感应、结构荷载、水患，以及空调系统室外设备的安装位置等问题进行综合分析和经济比较。选择强电、弱电可顺利通达，人员活动相对较少，道路畅通，周围环境清洁通风，阴面朝向，环境温度有利于节约能源的地方；远离产生粉尘、油烟、有害气体，以及生产或贮存腐蚀品、易燃易爆物品的场所，远离水灾、地震等自然灾害隐患区域，远离强震源和强噪声源，避开强电磁场干扰，且不宜建在公共停车库的正上方。

根据数字档案馆系统运行特点及设备具体要求，档案数据中心机房应分为主机房、监控操作区（辅助区、支持区和行政管理区）两大部分。主机房用于放置服务器、存储设备、网络设备、UPS（Uninterruptible Power System，不间断电源设备）主机、空调、消防监控等设备，并为这些设备提供自动运行环境；监控操作区则作为技术人员监控、操作及管理主机房设备的场所。主机房与监控操作区用玻璃或轻质耐火材料墙分隔。技术人员办公用房、设备维修与临时堆放场地、数字化加工用房等应另行安排，计算机网络中心机房不得用作办公或数字化加工场地。主机房布局应按信息系统功能及网络平台划分区域，如登记备份中心、数字档案馆、电子文件中心、门户网站区域等，各网络平台及区域配置相对独立，各区域的服务器群、存储群、网络交换与配线等部署摆放相对集中，提高系统与数据的安全性。计算机网络中心机房的使用面积应根据布局区域的划分、设施设备的数量以及操作所需的场地空间来确定，并预留今后发展空间。主机房使用面积原则上不少于 100 平方米，监控操作区不少于 20 平方米。机房外门与通道应将人员进出通道与设备运输、装卸通道分开。

（三）设计与装修

档案数据中心机房设计的强电负载均衡、网络集线交换、温度、湿度、电磁场强度、防水、防火、防盗、防震、楼板承重、防静电能力、防雷接地、监控、降噪等各项指标，应均能满足设计目标及设备、环境施工与系统连续运行的要求。

档案数据中心机房的设计与装修应请专业机房设计单位对现场进行实地测量，出具科学合理的机房设计装修方案与工程图纸，并由专业公司负责施工。

档案数据中心机房的设备对强电的负载与稳压的要求较高，应规划计算机房各项设备功率、需要稳压供电的设备功率，设计各项功率负载。机房应专设三相五线制市电电源，并配置进电的市电配电柜与 UPS 配电柜，经市电配电柜分多路给 UPS、机房空调、照明配电、备用设备等配电；市电经 UPS 稳压输出后，经 UPS 配电柜后分为多路给机房服务器、网络交换设备、存储设备、监控设备、应急照明等设备供电。有条件的档案馆可架设双路供电线路，以防区域性断电故障。

档案数据中心机房内的综合布线系统以《综合布线系统工程设计规范》等国家标准规范为设计依据，在档案数据中心机房网络机柜内设置模块式配线架，集中管理连接各信息点网络配线，布线系统应支持数据和语音信号的传输。数据中心布线系统应根据网络架构进行设计，设计范围应包括主机房、辅助区、支持区和行政管理区。主机房要设置主配线区、中间配线区、水平配线区和设备配线区，也可设置区域配线区。主配线区可设置在主机房的一个专属区域内，占据多个房间或多个楼层的数据中心；中间配线区可设置在每个房间或每个楼层；水平配线区可设置在一列或几列机柜的端头或中间位置。

承担数据业务的主干和水平子系统应采用 OM3/OM4 多模光缆、单模光缆或 6A 类及以上对绞电缆，传输介质各组成部分的等级应保持一致，并应采用冗余配置。主机房布线系统中，所有屏蔽和非屏蔽对绞线缆宜两端各接在一个信息模块上，并固定至配线架，所有光缆应连接到单芯或多芯光纤耦合器上，并固定至光纤配线箱。主机房布线系统中 12 芯及以上的光缆主干或水平布线系统宜采用多芯 MPO/MTP 预连接系统，存储网络的布线系统宜采用多芯MPO/MTP预连接系统，数据中心布线系统所有线缆的两端、配线架和信息插座应有清晰耐磨的标签，数据中心布线系统与公用电信业务网络互联时，接口配线设备的端口数量和缆线的敷设路由应在保证网络出口安全的前提下，根据数据中心的等级确定。

档案数据中心机房的防雷和接地应满足人身安全及电子信息系统正常运行的要求，机房内所有设备的可导电金属外壳、各类金属管道、金属线槽等都必须进行等电位连接并接地。新建档案馆在机房设计施工中，应按照国家标准《建筑物防雷设计规范》《建筑物电子信息系统防雷技术规范》的规定，安装防雷接地装置。保护性接地和功能性接地宜共用一组接地装置，其接地电阻应按其中最小值确定；对功能性接地有特殊要求的，需要单独设置接地线的电子信息设备。接地线应与其他接地线绝缘，供电线路与接地线宜同路径敷设，数据中心内所有设备的金属外壳、各类金属管道、金属线槽、建筑物金属结构等必须进行等电位连接并接地。

计算机网络中心机房的安全防范系统应由视频安防监控系统、入侵报警系统、门禁控制系统、温湿度自动报警系统等组成，各系统之间应具备联动控制功能，在监控操作区应采用KVM（Keyboard Video Mouse，键盘、视频、鼠标）切换系统对各安防系统进行集中控制和管理操作。有条件的单位应在机房配置工控机，以此作为现场管理服务器，采集并处理机房的监控、温湿度、门禁等各种数据，再由KVM切换系统实现集中监控。下班与节假日无人值守机房的单位，还应将安防系统切换到单位物业监控中心管理。

档案数据中心机房应设置火灾自动报警系统，并符合国家标准《火灾自动报警系统设计规范》的有关规定。主机房一般采用洁净气体灭火系统，有条件的单位可按照国家标准《气体灭火系统设计规范》要求，配置管网式洁净气体灭火系统，其他单位应配置手提灭火器，灭火剂不得对电子信息设备造成破坏性损害。档案数据中心机房在装修门窗、墙壁、顶棚时要采用气密性好、不起尘、吸音、防潮、易清洁、符合环保要求、在温湿度变化作用下变形小、具有表面静电耗散性能的防火材料。选用高压细水雾技术的新建档案馆，计算机网络中心机房灭火系统可按照《档案馆高压细水雾灭火系统技术规范》规定，整体设计闭式高压细水雾灭火系统，按照消防要求严格施工及操作管理。

（四）必要设备配置

档案数据中心机房的主机房应配备大功率机房专业空调或精密空调，确保机房的各种设备能7×24小时正常运行，同时保证温度控制在23℃±1℃，相对湿度控制在 40 %～55 %。主机房空调不得用家用空调代替，有条件的单位应配备备用空调，主机房空调应保证专路电力供应，不得用照明电路供电；主机房空调必须配备断电应急报警处置功能，以及空调停机后备用电启动功能。监控操作区可使用中央空调或一般空调，便于人员操作或值班。

档案数据中心机房的UPS配置应采用在线式UPS集中供电，不得用多个后备式UPS分散供电。UPS 功率应根据机房设备的功率计算，电池应配置 2 小时以上的后备时间，UPS 应配备断电报警处置功能，新建的和有条件的档案馆可专设 UPS 动力机房或专门的 UPS 蓄电池组区域。

主机房的机柜数量配置与摆放应根据设备需要与场地实际情况来设计，充分考虑设备装卸、散热冷却、维修测试及网络传输安全的需要，各类应用服务、存储、网络交换的机柜必须按功能相对集中且适当冗余部署，以便于管理操作与保障数据安全，同时预留未来几年设备添置而需要新增的机柜空间。档案数据中心机房的外门应安装门禁系统，机房的外门宜采用单向门禁，进入时通过门禁通行，出门时使用出门按钮。门禁系统采用机房的 UPS 供电，可在市电断电的情况下保证正常使用。档案数据中心机房各门门锁应采用磁力锁，根据消防疏散的要求，在紧急情况下断电开门。

主机房与监控操作区分隔或配置服务器较多的机房应专设服务器的 KVM 切换系统，实现一人同时值守多台服务器，实时管理各项档案信息系统运行。

记录档案与电子文件的数据光盘、磁带、硬盘、移动硬盘等脱机管理的物理载体，不得存放于计算机网络中心机房中，应设立专门存储库房，配备专门存储装具，制定并实施严格的管理制度，确保数据安全。磁带、硬盘等磁性载体的保存与管理要求应按照《磁性载体档案管理与保护规范》执行；光盘的保存与管理要求按照《电子档案存储用可录类蓝光光盘（BD-R）技术要求和应用规范》执行。

第二节 高校数字档案馆网络平台建设

一、网络平台建设规划设计

档案网络平台是应数字档案馆要求而建设的收集、管理、存储、利用和传输数字档案信息的技术平台，将分布在不同地域、不同平台的信息资源连接起来，通过信息资源的互联互通、集成共享，确保数字档案信息的安全、有效管理与信息资源的开发利用，充分发挥数字档案馆的整体效能。

高校档案网络平台的建设，要从档案馆的实际需求出发，充分借助完善的数字校园网络平台的力量，根据经费的多少来规划和设计网络平台。建设高校档案网络平台时要立足学校业务需求，充分调动各方面参与档案工作的积极性，着力解决实际问题，优化业务流程，规范管理，提升服务质量；围绕师生需要，挖掘需求、完善应用；坚持档案与教学、科研、管理、服务深度融合的核心理念；注重建设效益，共享资源，形成科学、高效、节约的建设路径；根据实际情况分步、分期地实施具体项目，保证规划目标的逐步实现。

网络规划设计对网络建设和使用至关重要。网络规划设计的任务就是为即将建立的网络系统提出一套完整的设想和方案，对建立一个什么形式、多大规模、具备哪些功能的网络系统做出全面科学的论证，并对建立网络系统所需的人力、财力和物力等做出一个总体的计划。在网络规划方面，应着重考虑采用先进成熟的技术，重点考虑当今主流的网络技术和网络设备，遵循国际标准，采用大多数厂家支持的标准协议及标准接口，具备可管理性、稳定性和可靠性，才能保证建成的网络有良好的性能，从而有效地保护建网投资，保证网络设备之间、网络设备和计算机之间的互联，以及网络的尽快投入使用、可靠运行。

二、网络平台建设的要求

高校档案馆应遵循相关标准规范进行网络整体架构规划与设计，一般应构建局域网、校园网、公众网三个网络平台，为档案管理工作提供良好的网络环境和相应的档案数据传输与资源共享服务。

（一）局域网服务平台

局域网服务平台是数字档案馆建设的基础平台，是面向在档案馆从事档案管理工作的人员和来馆查阅利用档案的人员的馆内档案利用服务平台。局域网服务平台应当具备馆藏数字档案管理、存储、安全防护的功能，承担档案馆“收集、管理、保存、利用”四项基本功能，满足数字档案馆日常业务管理和提供利用服务的需要。为保护数字档案信息安全，馆内不涉及馆藏档案信息的工作人员的计算机终端不得联入局域网；自带设备、自建网络的外包单位，一律不得直接联入局域网。

（二）校园网服务平台

校园网服务平台是连接学校各教学科研管理部门的主干平台，是便于学校各立档单位指导交流档案工作、电子文件归档与电子档案接收、档案与电子文件登记备份、档案信息资源发布的共享服务平台。校园网服务平台一般建立在学校提供的数字校园资源共享网上。校园网服务平台依托数字校园网络建设，能够在网上直接管理与备份、归档与接收各立档单位的电子文件与数字档案，能够为校园网用户提供在线档案查阅利用、档案业务指导或其他档案工作服务，实现学校的档案信息资源共享，发挥资政服务功能。

（三）公众网服务平台

公众网服务平台是档案馆实现档案利用开发和档案信息资源社会共享的有效途径之一。服务平台依托公众网，通过档案网站建立满足公众档案查阅需求的窗口，采集具有重要保存价值的各类数字信息后进行资源整合，实现公众档案信息资源的社会共享。公众网服务平台还可采取 VPN、数据加密等必要的安全措施，实现馆际业务交流与非涉密档案信息传输。

涉密档案数据一律不得上非涉密的网络，严禁在非涉密的局域网服务平台上传涉密档案数据信息。确因档案查阅工作需要，可设立专门场地配置单台计算机，定人定岗，进行涉密档案信息数据库操作，严格管理涉密档案数据。有条件的档案馆可建立涉密专网，经保密部门审批并验收后，才可将同等级涉密数据信息上网运行。各网络服务平台之间应采取相应安全技术、设备配置与管理措施，确保各网络系统与数据安全。档案信息涉密网必须与其他网络物理隔离。局域网服务平台可只与校园网服务平台逻辑隔离，与其他网络平台物理隔离，同时必须采用防火墙、入侵检测、IP（Internet Protocol，互联网协议）地址绑定等技术、设备与手段，保证网络信息安全。

三、网络平台建设所需的主要设备

（一）三层交换机

三层交换机（核心交换机）就是具有部分路由器功能的交换机，工作在OSI（Open System Interconnection，开放式系统互联）网络标准模型的第三层——网络层。三层交换机最重要的目的是加快大型局域网内部的数据交换，其所具有的路由功能也是为该目的服务的，该功能能够做到一次路由、多次转发。高校数字档案馆网络平台大多依托数字校园网络平台而建设，一般不需要配备路由器，但需要核心交换机来构建档案工作局域网。

出于安全和管理方便的考虑，减小广播风暴的危害，必须把大型局域网按功能或地域等因素划成一个个较小的局域网，形成不同的VLAN（Virtual Local Area Network，虚拟局域网）。三层交换机是为IP设计的，接口类型简单，拥有很强的二层包处理能力，非常适用于大型局域网内的数据路由与交换。三层交换技术是二层交换技术结合三层转发技术而研发出的新型技术，适用于同一局域网内不同的VLAN之间数据的快速交换。

在数字校园建设中，一般会将三层交换机用在网络的核心层，用三层交换机上的万兆端口或千兆端口连接不同的子网及VLAN。处于校园网中的各个子网的互联，以及档案局域网中VLAN间的路由功能，用三层交换机代替路由器完成数据交换，只有校园网中的计算机需要跨地域访问公众网中的网络时，才通过校园网的路由器访问。

在校园网中，骨干网、城域网骨干层和汇聚层都有三层交换机的用武之地，尤其是核心骨干网一定要使用三层交换机，否则整个网络成千上万台计算机都在一个子网中，不仅毫无安全可言，也会因为无法分割广播域而无法隔离广播风暴。如果采用传统的路由器，虽然可以隔离广播，但是性能又得不到保障。三层交换机的性能非常高，既有三层路由存储转发的功能，又具有二层快速交换数据的功能。二层交换是基于局域网中的物理地址寻址，三层交换则是转发基于第三层地址的业务流，除了必要的路由寻址决定过程，大部分数据转发过程由二层交换处理，提高了数据包转发的效率。

三层交换机通过使用硬件交换实现了 IP 的路由功能，其优化的路由软件使得路由过程效率提高，解决了传统路由器软件中路由的速度问题。因此，三层交换机“具有路由器的功能和交换机的性能”。同一网络上的计算机如果超过一定数量（通常在 200 台左右，视通信协议而定），就很可能因为网络上大量的广播而导致网络传输效率低下。为了避免在大型交换机上进行广播而引起广播风暴，可将其进一步划分为多个 VLAN。如果使用三层交换机上的万兆端口或千兆端口连接不同的子网、VLAN，在保持性能的前提下，解决了子网划分之后子网之间必须依赖路由器进行通信的问题，因此三层交换机是连接子网的理想设备。

选择三层交换机时一般会考虑背板带宽、包转发率和端口数量等性能指标。背板是交换机输入端和输出端之间的物理通道，背板带宽是交换机接口处理器或接口卡和数据总线间所能吞吐的最大数据量，背板带宽越宽，交换机数据处理速度就越快，数据包转发延迟越小，性能越优越。包转发率是指交换机每秒可以转发多少百万个数据包（Mpps），即交换机每秒能转发的数据包的数量。包转发率以数据包为单位体现交换机的交换能力，包转发率的数值表示交换机转发数据包能力的大小，是用来衡量网络设备转发数据能力的标准。交换机设备的端口数量是衡量交换机最直观的因素，通常此参数是针对固定端口交换机而言的，常见的固定端口交换机的端口数有 8、12、16、24、48 等几种。

（二）接入层交换机/二层交换机

网络中直接面向用户连接或访问网络的部分，通常被称为接入层；位于接入层和核心层之间的部分，通常被称为汇聚层。接入交换机一般用于直接连接电脑，汇聚交换机一般用于楼宇间。随着交换机设备的普及和综合布线的广泛应用，在建设校园网络平台时，往往使用二层交换机作为接入层交换机，直接上联三层交换机，下联计算机，省略使用汇聚层交换机（楼层交换机）。

二层交换机工作于 OSI 模型的第二层——数据链路层。二层交换技术的发展已经比较成熟，二层交换机属数据链路层设备，可以识别数据帧中的 MAC（Media Access Control，介质访问控制）地址信息，根据 MAC 地址进行转发，并将这些 MAC 地址与对应的端口记录在自己内部的一个地址表中。二层交换机可以同时对多端口的数据进行交换，一定程度上能减轻上联三层交换机的转发压力，提升网络速度。二层交换机的选择较为简单，一般也会考虑交换容量、包转发率、端口数量和支持 VLAN 数量等重要的性能指标。

（三）防火墙

防火墙是网络安全的保障，可以实现内部可信任网络与外部不可信任网络（公众网）之间或内部网络不同区域之间的隔离与访问控制，阻止外部网络中的恶意程序访问内部网络资源，防止篡改、复制、损坏用户的重要信息。防火墙是一种网络安全保障方式，主要目的是通过检查入、出一个网络的所有连接，来防止某个需要保护的网络遭受外部网络的干扰和破坏。从逻辑上讲，防火墙是分离器、限制器、分析器，可有效地检查内部网络和外部网络之间的任何活动；从物理上讲，防火墙是集成在网络特定位置的一组硬件设备，放置在交换机、计算机之间的硬件系统或软件系统。

对于高校数字档案馆建设工作来说，需要跨部门、跨区域工作，与多个业务系统存在数据交互，用户较为复杂。因此，为确保档案数据的信息安全，应当配备防火墙来为数字档案馆构造安全保护屏障，否则一旦发生网络攻击，轻则导致应用系统陷入瘫痪，重则导致数字档案资源丢失、敏感信息泄露。

（四）漏洞扫描、入侵检测、安全审计等网络安全设施

根据《数字档案馆系统测试办法》和《档案信息系统安全保护基本要求》等档案行业管理办法规定，数字档案馆建设需要配备必要的漏洞扫描、入侵检测、安全审计等网络安全设施。

漏洞扫描是指对目标网络或者目标主机进行安全漏洞检测与分析，发现存在的可能被攻击者利用的漏洞。当前的漏洞扫描技术主要是基于特征匹配原理，漏洞扫描器通过检测目标主机不同端口开放的服务，记录其应答，然后与漏洞库进行比较，如果满足匹配条件，则认为存在安全漏洞。在漏洞扫描技术中，漏洞库的定义是否精确直接影响到最后的扫描结果。漏洞扫描技术是一类重要的网络安全技术，它和防火墙、入侵检测系统互相配合，能够有效提高网络的安全性。通过对网络的扫描，网络管理员能了解网络的安全设置和运行的应用服务，及时发现安全漏洞，客观评估网络风险等级。网络管理员能根据扫描的结果修复网络安全漏洞，更正系统中的错误设置，在黑客攻击前进行防

范。如果说防火墙和网络监视系统是被动的防御手段，那么安全扫描就是一种主动的防范措施，能有效避免黑客攻击行为，做到防患于未然。

当越来越多的业务向互联网转移的时候，网络安全作为一个无法回避的问题呈现在人们面前。通常，人们采用防火墙作为安全的第一道防线，而随着网络攻击者知识储备的日益丰富，其攻击工具与手法日趋复杂多样，单纯的防火墙策略已经无法满足对安全高度敏感的部门的需要，网络的防御必须采用一种纵深的、多样的手段。此外，当今的网络环境也变得越来越复杂，各式各样的复杂的设备、需要不断升级或补漏的系统等，都使得网络管理员的工作不断加重，不经意的疏忽便有可能造成重大的安全隐患。利用防火墙，通常能够在内外网之间提供安全的网络保护，降低网络安全风险。但是，仅仅使用防火墙，信息安全还远远不够，入侵者可以寻找防火墙背后潜在的“后门”，并藏身在防火墙内，由于性能的限制，防火墙通常不具有实时的入侵检测能力。如何识别未经授权而使用计算机系统的非法用户和那些对系统有访问权限但滥用其特权的用户，就需要进行入侵检测。

入侵检测是防火墙的合理补充，帮助系统对付网络攻击，扩展了系统管理员的安全管理能力（包括安全审计、监视、入侵识别和响应），提高了信息安全基础结构的完整性。入侵检测被认为是防火墙之后的第二道安全闸门，它能够有效识别内部攻击、外部攻击和误操作，为网络安全提供实时保护。这些都是通过执行以下入侵检测的任务来实现的：

第一，监视、分析用户及系统活动，查找非法用户和合法用户的越权操作。

第二，审计系统构造，并提示系统管理员修补漏洞。

第三，识别、反映已知进攻的活动模式并向相关人士报警，对检测到的入侵行为进行实时反应。

第四，统计分析异常行为模式，发现入侵行为的规律。

第五，评估重要系统和数据文件的完整性。

第六，跟踪管理操作系统，并识别用户违反安全策略的行为。

入侵检测，顾名思义，便是对入侵行为的检测。它通过收集和分析网络行为、审计数据、其他网络上可以获得的信息，以及计算机系统中若干关键点的信息，检查网络或系统中是否有违反安全策略的行为和被攻击的迹象。进行入侵检测的软件与硬件的组合便是入侵检测系统（Intrusion Detection System，IDS）。与其他安全设备不同的是，入侵检测系统需要更多的智能，它可以将得到的数据进行分析，并得出有用的结果。一个合格的入侵检测系统能大大简化系统管理员的工作，保证网络的安全运行。具体来说，入侵检测系统的主要功能有监测并分析用户和系统的活动、核查系统配置和漏洞、评估系统关键资源和数据文件的完整性、识别已知的攻击行为、统计分析异常行为和操作系统日志管理、识别违反安全策略的用户活动。

安全审计主要是指对系统中与安全有关的活动的相关信息进行识别、记录、存储和分析。信息安全审计的记录用于检查网络上发生了哪些与安全有关的活动，哪个用户对这些活动负责。审计系统是一种为事后观察、分析操作提供支持的系统，它广泛地存在于操作系统、数据库系统和应用系统中，记录、分析并报告系统中的普通或安全事件。审计系统的重要性不止于此，它还是 IDS、数字取证、网络安全管理等信息安全系统的基本构件之一。日志和审计是两个紧密相关的概念。日志记录可以由任何系统或应用生成，记录这些系统或应用的事件和统计信息，反映它们的使用情况和性能状况。审计系统一般是专门的系统或子系统，审计的输入可以是日志，也可以是相应事件的直接报告，根据它们，审计系统一方面生成审计记录，提供更清晰、更简洁、更易于理解的系统事件和统计信息，另一方面记录所定义的审计事件的发生情况。一般审计结果的存放受到系统的一定保护，它们比普通日志文件更安全、更结构化、格式更统一，但可能需要专门的工具读取。审计系统需要确定记录哪些事件和统计信息，以及如何进行审计，也需要按照系统安全策略确定的原则进行配置。不同审计系统的构造存在差异，但审计系统需要解决几方面的问题：审计事件确定、事件记录、记录分析和系统管理，它们分别完成记录事件和统计信息、数据分析和结果报告的任务。

对于大部分高校来说，可能只能配备三层交换机、接入层交换机和防火墙等设备，漏洞扫描、入侵检测、安全审计等网络安全设施更多需要借助数字校园网络建设的力量才能配备，需要学校网络管理部门的支持并应用 VPN 等技术。“安全无小事”，特别是对于档案安全来说，即使配备了防火墙、漏洞扫描、入侵检测和安全审计等网络安全设施，最重要的是档案工作人员要有档案信息安全意识。为防止档案文件信息被泄露、篡改和破坏，需要构建数字档案馆系统及其安全体系、管理制度和可靠稳定的安全防护系统来保证数字档案信息的可靠、可用、不泄密和不被非法更改，确保电子档案信息的真实性、完整性、可用性和安全性。

第三节 高校数字档案馆系统硬件设备建设

数字档案馆系统硬件设备必须配备服务器、磁盘阵列、计算机等终端及辅助设备等必要设施。

一、服务器

服务器（Server）是指那些具有较高计算能力，能够提供给多个用户使用的专用计算机。服务器通常以网络作为介质，既可以通过内部网对内提供服务，也可以通过互联网对外提供服务。服务器的最大特点就是具有强大的运算能力，使其能在短时间内完成大量工作，并为大量用户提供服务。和普通的个人计算机相比，服务器需要在 7×24 小时的环境中连续工作，这就意味着服务器需要更多的稳定性技术。服务器的构成包括中央处理器（Central Processing Unit，CPU）、硬盘、内存等，这些构成要素与通用的计算机架构类似，但是由于需要提供可靠的服务，因此在处理能力、稳定性、可靠性、安全性、可扩展性、可管理性等方面要求较高。

在网络环境下，根据服务器提供的服务类型不同，分为文件服务器、数据库服务器、应用程序服务器、网站服务器等；根据服务器的外观类型不同，分为塔式服务器、机架式服务器、刀片服务器、机柜式服务器。高校档案馆一般选择机架式服务器作为数字档案馆建设的服务器，为数字档案资源的传输、交换和共享提供文件服务、数据库服务，同时为档案管理系统和档案网站提供硬件平台。

在进行服务器的选型时，高校档案馆应该从实际业务需求出发，并规划未来一至两年的发展计划，综合做出明确的需求分析，根据服务器的用途来进行服务器的配置选型。文件服务器和数据库服务器因需要对数据进行大量的读写和传输，要求内存大、磁盘容量大、高读写速度和充足的网络带宽，但对 CPU 的运算要求相对不高，因此可以优先选择以单颗 CPU 为核心的服务器架构，重点考虑大内存和硬盘的服务器。对于网站服务器来说，只要内存容量大，对 CPU 运算和磁盘的要求都不高；而对于用于档案管理系统运行的服务器来说，如果经费充裕，最好采用多 CPU 架构和配备大容量内存，因为档案管理系统需要大量的运算，还要与其他系统存在大量的数据交换。如果是管理声像档案的服务器，服务器需要配置声卡和显卡，最好配备具有 GPU（Graphics Processing Unit，图形处理器）运算能力的高性能显卡。档案部门应当根据不同的应用需求，有针对性地选择相应的服务器配置。

二、磁盘阵列

磁盘阵列（Redundant Arrays of Independent Disks，RAID）是由很多块独立的磁盘组合成的一个容量巨大的磁盘组，有“数块独立磁盘构成具有冗余能力的阵列”之意。磁盘阵列利用虚拟化存储技术把多个硬盘组合起来，成为一个或多个磁盘阵列组，目的是提升性能和数据冗余。磁盘阵列利用个别磁盘提供数据所产生的叠加效果来提升整个磁盘系统效能。利用这项技术，将数据切割成许多区块，分别存放在各个硬盘上。

磁盘阵列还能利用同位检查的观念，在数组中任意一个硬盘发生故障时，仍可读出数据，在数据重构时，将数据经计算后重新置入新硬盘中。RAID 把多个硬盘组合成一个逻辑硬盘，因此，操作系统只会把它当作一个实体硬盘。RAID 常被用在服务器上，并且常使用完全相同的硬盘作为组合。在具体的工作中，取决于 RAID 层级不同，数据会以多种模式分散于各个硬盘中，RAID 层级的命名会以 RAID 开头并带数字，如 RAID0、RAID1、RAID5、RAID6、RAID10、RAID50、RAID60。每种层级都有其理论上的优缺点，不同的层级在两个目标间取得平衡，分别是增加数据可靠性及增加存储器读写性能。

磁盘阵列按存储体系架构可分为 DAS（Direct Attached Storage，直连式存储）、NAS（Network Attached Storage，网络附加存储）和 SAN（Storage Area Network，存储区域网络）三种架构。

DAS 是指直接和计算机相连接的数据存储方式，如固态硬盘、机械硬盘、光盘驱动器这一类与计算机直接相连的设备都属于直连式存储设备。直连式存储的名称是后来为了区别于存储区域网络（SAN）和网络附加存储（NAS）而添加的，与通过计算机网络连接的其他存储技术相对。

DAS 存储方式的服务器结构如同个人计算机的架构，外部数据存储设备（如磁盘阵列、光盘机、磁带机等）都直接挂接在服务器内部总线上，数据存储设备是整个服务器结构的一部分，同样，服务器也担负着整个网络的数据存储职责。DAS这种直连方式，能够满足单台服务器的存储空间扩展、高性能传输需求。对于单台服务器，使用直连式存储连接简单、易于配置和管理、费用较低，但在这种连接方式下，每台服务器单独拥有自己的存储磁盘，所以不利于存储容量的充分利用和服务器间的数据共享，而且存储系统没有集中统一的管理方案，也不利于数据维护，因此DAS不适合作为高校档案的存储方式。

NAS是直接连接在计算机网络上面，通过网络为用户提供集中式数据访问服务的存储方式，可为用户提供跨平台文件共享服务。与传统的文件存储服务和DAS不同，NAS设备上面的操作系统和软件具有数据存储、数据访问及相关的管理功能，NAS设备连上网络即可进行远程访问。NAS系统通常有一个以上的硬盘，而且和传统的文件服务器一样，人们通常会把这些硬盘组成RAID来提供服务，利用集中化的网络文件访问机制和共享来达到减少系统管理成本、提高数据备份和恢复功能的目的。

SAN是通过光纤交换机连接存储阵列和服务器主机，建立专用于数据存储的区域网络架构，采用光纤通道技术、磁盘阵列、磁带柜、光盘柜等各种技术组成专用的存储网络。与NAS相比较，SAN的服务器和存储系统通过光纤交换机相连，各存储设备之间交换数据时可以不通过服务器所在以太网，而是在存储网络中完成文件数据的复制、备份、恢复和安全管理，这样能有效减少巨大流量数据传输时发生的阻塞和冲突。此外，数据不在服务器所在以太网内传输可以在一定程度上保证数据的安全性，较大程度减轻服务器承受的压力，光纤交换机可以连接多台服务器，与DAS相比具有很强的灵活性。

SAN综合了DAS和NAS两种存储方式的优势，既能为网络上的应用系统提供丰富、快速、简便的存储资源，保护了数据的安全，又能共享存储资源，并对其实施集中管理，保证了数据访问的速度、数据的安全性，便于大量数据的存储与传输管理，后期可以动态加入多台服务器，因此SAN成为当下较为理想的存储管理模式。

三、备份存储设备

2014年5月，中共中央办公厅、国务院办公厅印发了《关于加强和改进新形势下档案工作的意见》，提出“建立健全确保档案安全保密的档案安全体系”，对重要档案实行异地异质备份保管，保障档案信息安全，建立标准，采取措施，确保电子文件、电子档案长期保存和利用。对于档案工作者来说，数据备份是必不可少的环节。为保障数字档案资源的数据安全，应根据学校的实际情况和档案馆的需求，制定数字档案资源的备份策略，明确备份对象、备份方式和管理规范，并配备必要的恒温恒湿防磁柜等设备设施保存备份磁盘或光盘。

大部分高校因经费问题，不可能再购置一套磁盘阵列来进行在线冗余备份，多半采用离线备份的方式来备份档案数据。离线备份方式指把数字档案资源拷贝到物理磁带、光盘、移动硬盘等离线存储介质上，离线存储介质可保存在本地或远程异地备份库。高校应根据《档案数据硬磁盘离线存储管理规范》的规定，做到如下几点要求：

第一，结合档案数据硬磁盘离线存储的工作实际统筹制定工作方案，包括存储对象、工作目标、成本核算、人员安排、进度安排、安全管理措施等内容。

第二，制定科学化、规范化的管理制度，并在档案数据硬磁盘离线存储工作中严格执行。管理制度应包含岗位管理、人员管理、场地管理、设备管理、数据管理等方面。

第三，加强档案数据硬磁盘离线存储的安全管理，采取必要的技术手段，对全过程实行监控，确保档案数据的安全。

第四，进行档案数据离线存储的硬磁盘存储设备，应具有外壳安全防护、定期加电、定期检测、数据写保护等硬磁盘智能管理功能，以实现对硬磁盘的安全保存。

第五，统一规划档案数据在硬磁盘中的存储结构，按一定规则将其分类集中存储，并留存存储结构说明文件；使用恶意代码扫描软件对需要写入的档案数据进行安全性检测。

第六，使用全新硬磁盘进行数据写入；宜将硬磁盘放置在硬盘盒中连接计算机进行数据写入，硬盘盒的外部接口应支持 USB 接口；硬磁盘在进行数据写入过程中应采取必要的措施防止意外断电，不要移动或碰撞工作台和相关设备，防止发生振动及机械损伤，档案数据写入后应对硬磁盘进行写保护控制。

第七，使用恶意代码扫描软件对硬磁盘存储的档案数据进行安全性检测；对硬磁盘存储的档案数据进行可用性检测和完整性检测。

第八，制作硬磁盘标签，标签内容包括硬磁盘编号、起止档号、数据写入时间、保管期限、密级等信息。

第九，档案数据写入硬磁盘后应及时进行工作记录登记，登记内容包括：硬磁盘编号、套别、档案内容、保管期限、密级、硬磁盘情况、设备品牌型号、操作系统、应用软件、制作时间、制作人、检验人、备注等。

第十，采取必要的措施确保硬磁盘离线存储的档案数据安全、完整、可用；进行档案数据离线存储的硬磁盘应放置在硬盘盒中或配备硬磁盘专用存储设备；硬磁盘在进行加电和检测时，应采取必要的措施防止意外断电，不要移动或碰撞工作台和相关设备，防止发生振动及机械损伤。

第十一，硬磁盘的保管场所应采用防火、防水、防磁、防尘等安全措施，配备可覆盖全部场地的防盗报警、视频监控等设施设备并确保设备正常运行；硬磁盘的保管场所应定时记录温湿度，并具备温湿度异常报警提醒功能。

第十二，定期对硬磁盘进行稳压加电，可以将硬磁盘放置在硬盘盒中连接计算机进行加电，或利用硬磁盘专用存储设备进行自动定期加电。

第十三，定期对硬磁盘进行检测，可以将硬磁盘放置在硬盘盒中连接计算机进行检测，或利用硬磁盘专用存储设备进行自动定期检测；及时记录硬磁盘检测情况，包括检测结果是否正常、异常情况的处理措施、处理结果等。

第十四，因硬磁盘检测结果异常、技术更新等原因需更换硬磁盘时，经领导审批后应及时实施档案数据的迁移。

第十五，用于档案数据离线存储的硬磁盘提供利用时不得外借，利用过程应在档案部门的监控范围内，严格遵守档案管理和保密规定；在提供利用时，应采取必要的措施，确保档案数据不被修改；应及时记录硬磁盘的利用情况。

硬盘存储能够实现数据的快速记录和读取，满足档案在线快速访问的需求，是当前主流的存储方式。但从电子档案长期存储的要求来说，硬盘还存在很多不足，具体表现在以下几个方面：

首先是介质寿命短，硬盘寿命一般在 3 至 5 年，因此在一个较长时间内保存数据就要不断迁移数据更换硬盘，这在设备及电力消耗等方面的运维成本较高。数据迁移过程中存在一定的风险，比如人为误操作、软件病毒伺机发作、数据库兼容性等问题都需要通盘考虑。

其次是环境要求高，硬盘工作过程中需要电力持续供给，同时需要冷却系统对环境进行降温，这会消耗大量电力能源。

最后是记录可更改，档案记录需要保持其原始性，但硬盘记录是可以被更改的，这就会面临黑客攻击或人为修改的风险。以硬盘、磁带等磁性存储方式为例，由于其介质本身的存储特性，在长期使用时，无法避免数据丢失、介质损坏、环境要求苛刻、能源消耗过高等一系列问题，并不适用于电子档案的长期保存。

目前最适于海量电子档案长期存储的介质是蓝光光盘，蓝光光盘不仅存储容量大，而且功耗低，抗干扰能力强，更重要的是对于档案级蓝光光盘来说，其保存时间可达 50 年，安全性极高。

光盘备份是目前最有效的电子档案长期保存的方法。在电子档案的脱机备份、异质备份和异地备份工作中，光盘以其存储适量、不可更改、寿命较长、移动性好、能耗低、保存成本低廉、数据可监测和寿命趋势可监测等突出特点，在档案行业电子档案长期保存方面得到一定的认同。但是，传统的 CD/DVD 光盘存储方式虽然解决了碟片集中管理的问题，但在存储容量、传输速度、自动化、网络化、安全性等方面无法与磁盘阵列相抗衡，实际应用中没有被大规模地推广。

目前，高安全性的蓝光光盘及大容量蓝光光盘库的应用可在传输速度、便捷性和安全性等方面充分解决上述问题。蓝光光盘库是一种以蓝光光盘或光盘匣为存储载体的具有高可靠性的海量近线存储设备，其通过机械手自动精确定位、抓取光盘，从而实现数据的上传下载。档案级蓝光光盘以光盘信息长期保存为目标，在追求信号不丢失和可刻录性基础上，强调蓝光光盘的保存质量和保存寿命，保证光盘信息长期可读。蓝光光盘库一般采用 100 GB 的蓝光光盘，运用光盘匣技术将多张光盘放置在一起，以保证单位体积内存储容量最大化。蓝光存储成功借鉴 RAID 技术，为保证存储数据的安全性和可靠性，应避免将完整数据仅存入一张光盘，以避免单张光盘损坏数据无法恢复的情况发生，应将完整数据分散存入多张光盘，各光盘之间采用冗余技术，如 RAID0、RAID5、RAID6，这样当一张或两张光盘损坏时，仍可保证数据的完好无损，而且多张光盘的并行存储也提高了存储速度。

由此可见，蓝光存储是目前电子档案长期存储最适合的存储方式，蓝光存储将蓝光和磁盘二者的优势结合在一起，既保证数据安全且低成本，又兼顾应用便利性，因此是电子档案长期存储的优选策略。国家档案局也在不断完善适用于档案部门电子档案的蓝光光盘存储和管理的相关标准和规范，于 2019 年 3 月发布了《电子档案存储用可录类蓝光光盘（BD-R）技术要求和应用规范》，该标准规定了档案级可录类蓝光光盘的技术要求，刻录前检测，光盘数据刻录，刻录后检测，光盘的标签，光盘的保存、使用和维护要求，光盘的三级预警和性能监测，光盘的数据迁移等一系列技术要求和应用规范。

四、终端及辅助设备

终端及辅助设备在这里是指在数字档案馆建设中，除了上面介绍过的网络平台所需硬件、服务器和磁盘阵列等之外的硬件设备，主要包括计算机、复印机、打印机、数字化加工设备（扫描仪、数码相机、摄像机、录音机等设备在下一节介绍）、自助查询终端、触摸屏、恒温恒湿防磁柜等。

“终端”一词是相对服务器而言的，实质上还是个人计算机（Personal Computer，PC）或个人电脑等办公所用计算机，是数字档案馆开展数字档案资源管理和提供档案利用服务所需的必备设备。无论是台式机、工作站、笔记本电脑还是平板电脑，都可用于管理数字档案资源。通常情况下，当前主流配置的个人计算机就能满足数字档案馆建设中的终端计算机需求，如果是用于数字化加工档案的计算机，需要在内存和硬盘配置上加强；如果是处理声像档案的计算机，建议使用图形工作站，在 CPU、内存、硬盘、声卡和显卡等方面配置性能更强的硬件；如果终端计算机有连接局域网和校园网等不同网络的需求，明确需要进行物理隔离时，建议配备两块以太网卡，配合专用的网络管理软件，按需要进行不同网络的切换，以方便快捷地开展相应的数字档案资源管理工作。

复印机是一种利用静电技术把文件及影像快捷地复印到纸上的设备。复印机属于模拟方式，只能如实进行档案文献的复印，可以对书写、绘制或印刷的原稿进行等倍、放大或缩小操作，得到复印品。复印机复印的速度快，操作简便，是档案利用工作中必不可少的设备，但随着档案数字化加工进程的不断推进，复印机会逐渐式微。

打印机是一种常见的电脑输出设备，可以将电脑内存储的资料按照文字或影像的方式永久地输出到纸张、透明胶片或其他平面媒介上。现在日常办公由于大部分打印媒介是纸，所以打印机是根据把影像印在纸上的方法来进行分类的，最常用的是激光打印机，可以把碳粉印在纸上。激光打印机具有最佳的成本优势，既保证了良好的输出效果，又能在打印分辨率、打印速度和噪声等性能方面具有相当的优势，同时碳粉和硒鼓等材料的消耗也具有相当高的性价比。

多功能一体机具有多种外部设备的功能，该设备采用了完善的集成技术，将打印、复印、扫描和传真等多种功能集于一身，这样既节省了办公空间，又经济高效。多功能一体机实际上就是以打印机为基础，加装了扫描器件和调制解调器，集打印、复印、扫描、传真多种功能于一体的产品。与单功能的打印机、扫描仪相比，整合了打印、复印、扫描、传真等功能的一体机显然更加节省制造成本和办公空间，“一站式”的操作也有助于进一步提升工作效率。通常情况下，多功能一体机可以分为打印主导型、复印主导型等类型，人们可以根据实际的办公需求，选择相应的多功能一体机来代替复印机和打印机进行日常的档案服务利用工作。

自助查询终端是指为了方便查档用户，用基于触控屏的呈现方式，在终端上实现用户个人查档结果的自助查询及打印的设备。自助查询终端通过网络连接到档案管理系统，同时集成打印设备、一卡通读卡器、二代身份证读卡器、工控式电脑主机、不锈钢烤漆机柜等硬件设备，方便查档用户自主实现对学生个人成绩、在读证明、学籍卡、电子档案等多种信息的查询与自助打印。自助查询终端具有可靠的数据安全防护机制及多种数据对接方式，具有安全稳定、操作简便、部署灵活的特点。高校可以在学校办公楼、宿舍楼等地方部署若干台自助查询终端，方便师生使用，提升工作效率和服务质量。

触摸屏是通过多媒体展示系统对编研的档案数据和各种专题的成果进行发布和展示的交互设备，是一种简单、方便、自然的人机交互方式。用户通过触摸屏，可以了解档案馆藏资源、编研成果、查档流程等信息，使其成为档案工作的一个重要宣传窗口，具备条件的高校档案馆也可在触摸屏上部署实现档案预约、档案自助查询、互动咨询等服务功能，为用户提供便捷的服务，使档案工作更便利、更高效。

恒温恒湿防磁柜是用于长期存放磁性记录材料记录的音像资料（录音磁带、录像带）和档案数据磁性记录材料（磁带、磁盘、光盘）的必要装备。由于磁带、录像带、光盘、移动硬盘等离线存储介质对存放环境有一定要求，因此应为数字档案馆配备恒温恒湿防磁柜，将环境对离线备份的数字档案资源的危害降到最低。恒温恒湿防磁柜采用整体抗震设计，柜体一般采用优质冷轧板全焊接式结构和双层中空设计，坚固耐用，中间夹层填充防磁保温材质，抽屉采用标准配置，不同规格的防磁柜中的大小抽屉均可任意互换，以便于储存不同载体的档案资料。高校应当对柜体内外采取双重防潮保障措施，防尘、防静电；应当内置吸湿剂，当环境湿度较高时库房内还应配备除湿装置。

第四节 高校数字档案馆数字化加工设备建设

数字化是指将信息转换成数字格式的过程，是将一个物体的图像、声音、文字或者信号，转换为一系列由数字表达的点或者样本的数字编码表现形式，其结果被称作数字文件。数字化对于数据处理、存储和传播至关重要，因为数字化可以让所有种类、所有类型的数据在相同的格式下混合传输。档案数字化是指将纸质文件、声像文件等传统介质的文件和已归档保存的电子档案，系统组织成具有有序结构的档案数字资源信息库，将各种传统载体的馆藏档案资源转化为数字化的档案信息，以数字化的形式存储，再以网络化的形式传输，并利用计算机系统管理，实现档案信息快速检索、利用和共享的目的。

一、纸质档案数字化加工设备

目前在大部分高校，纸质档案仍是档案的主要保存形式，纸质档案数字化加工将会是数字档案馆建设中的关键工作。纸质档案数字化是指采用扫描仪等设备对纸质档案进行数字化加工，使其转化为存储在磁带、磁盘、光盘等载体上的数字图像，并按照纸质档案的内在联系，建立起目录数据与数字图像关联的过程。档案部门对纸质档案数字化的研究与实践发现，通过扫描仪对纸质档案进行直接扫描并以图像的形式存储是较为理想的纸质档案数字化加工方法。

纸质档案数字化加工应根据纸质档案原件实际情况、数字化目的、数字化规模、计算机网络和存储条件等选择相应的扫描设备，进行相关参数的设置和调整。参数的设置和调整应保证扫描后数字图像清晰、完整、不失真，图像效果最接近档案原貌。扫描仪是开展纸质档案数字化工作所必需的设备，常用的纸质档案数字化加工设备有平板扫描仪、高速扫描仪、宽幅扫描仪、零边距扫描仪、数码翻拍仪等，不同的设备有不同的使用范围。

（一）平板扫描仪

平板扫描仪，又被称为平台式扫描仪、台式扫描仪，是指由 CCD（Charge-coupled Device，电荷耦合元件）或 CIS（Contact Image Sensor，接触式图像传感器）等光学器件来完成扫描工作的扫描设备，是最常用的主流扫描仪，扫描幅面一般为 A4 或者 A3。平板扫描仪由实现光电转换的传感器阵列、反射镜、扫描头、玻璃材质的原稿安装平台、照明光源、收集光线的镜头、盖子、用于分色的滤色镜、稳定杆、传动皮带、电源、接口界面和控制电路等构成。平板扫描仪的优点是图像扫描清晰，色彩还原逼真；缺点是扫描速度较慢。平板扫描仪一般适用于纸张过薄、过厚或过软等纸张状况较差的文书档案和照片。

（二）高速扫描仪

高速扫描仪一般是指配备了 ADF（Automatic Document Feeder，自动文档送纸器）的能以更快的速度扫描文档的扫描仪。待扫描的文档可以通过 ADF 进入扫描仪，自动送纸，连续扫描。高速扫描仪具有高输出量、高效的处理速度和可靠性，能有效提高扫描的工作效率。高速扫描仪的优点是扫描速度可达每分钟 20 页至 120 页，并可同时进行双面扫描，适用于扫描纸张状况较好的档案。

（三）宽幅扫描仪

人们通常将扫描幅面大于 A3 幅面（29.7 厘米×42 厘米）的扫描仪称为宽幅扫描仪。宽幅扫描仪与其他扫描仪最大的区别是扫描幅面的宽度、长度及精度、影像质量方面不同。宽幅扫描仪扫描幅面大，扫描分辨率高，适用于扫描大幅面的 A0 号及 A0 号以下的工程图纸、地图和字画档案。

（四）零边距扫描仪

零边距扫描仪外形类似于平板扫描仪，不同的是有一侧无边框，可以解决普通扫描仪在扫描成册档案时出现的中缝黑边、曲面变形、图像歪斜、损坏档案等问题，适用于扫描原件不能拆卷的珍贵档案和濒危档案。采用零边距扫描技术在扫描装订成册的珍贵档案时，无须拆解即可获得无黑边、无盲区和基本无变形的较高质量影像，避免了对成册档案拆装带来的不便和损伤，最大限度地保护了原始资料的安全，有效解决纸质成册档案的数字化难题。

（五）数码翻拍仪

数码翻拍仪，又被称为书刊扫描仪或高拍仪，是将数码相机安置在可垂直调节高度的支架上，用以拍摄档案的数字化设备。与平板扫描仪相比，数码翻拍仪拍摄精度高，版面调节灵活，操作简便快速，采用非接触式对档案进行数字化加工，特别适用于过厚的档案、图书、报纸合订本、卷宗等不能拆装的档案及珍贵的线装档案等。

二、照片档案数字化加工设备

从工作原理和工作流程上来讲，照片档案数字化与纸质档案数字化的基本加工步骤和操作过程极为相似。照片档案多半采用扫描的方式进行数字化加工，只是在选择扫描仪时参数和性能更偏向于图像处理，传统相机的底片则需要购置底片扫描仪或相应的数码相机加配微距镜头进行数字化加工处理。

（一）照片扫描仪

照片扫描仪可以看成是平板扫描仪的一种，针对照片数字化加工来说，扫描分辨率越高，得到的图像越清晰，越利于照片档案的长期保存和开发利用，而且数字化加工后的图像应保存为 TIFF（Tagged Image File Format，标签图像文件格式）位图格式。TIFF 与 JPEG（Joint Photographic Experts Group，联合图像专家组）和 PNG（Portable Network Graphics，便携式网络图形）都是流行的高位彩色图像格式。TIFF 文件以.tif 为扩展名，是一种灵活的位图格式，主要用来存储包括照片和艺术图在内的图像，可进行有损或无损压缩。TIFF 格式支持多页，即多页文件能够存储在一个 TIFF 文件中，是文档图像和文档管理系统中的标准格式。经过数字化加工后的照片档案，不建议只保存为有损压缩的 JPEG 格式或压缩比较高的 PNG 格式，建议同时保存为 TIFF 格式（用于长期存档）和 JPEG 格式（用于网上）。

（二）底片扫描仪

底片扫描仪，又被称为胶片扫描仪，工作原理与平板扫描仪类似，只是扫描对象不同，底片扫描仪扫描的对象是以底片、胶片、负片、透光片或幻灯片等介质存储的档案。底片扫描仪与平板扫描仪均使用 CCD 传感器，底片扫描仪需要配置更高的灵敏度和分辨率，使其能数字化加工小尺寸的透射原稿。底片扫描仪主要由光学部分、机械传动部分和转换电路三部分组成。底片扫描仪的核心部分是完成光电转换的光电转换部件，大多数底片扫描仪采用的光电转换部分也是 CCD 或 CIS 等感光器件。底片扫描仪工作时，首先由光源将光线照在预扫描的底片上，产生表示图像特征的透射光。光学系统采集这些光线，将其聚焦在感光器件上，由感光器件将光信号转换为电信号，然后由电路部分对这些信号进行模拟信号到数字信号的转换及处理，并将对应的数字信号输送给计算机。机械传动部分在控制电路的控制下，带动装有光学系统和 CCD 等感光器件的扫描头与底片进行相对运动，将底片全部扫描一遍，一幅完整的图像就输入到计算机中去了。

（三）数码相机

随着数码相机技术的不断发展，在照片档案数字化加工工作中，也可以选择使用单反数码相机对照片档案或底片档案进行翻拍。单反数码相机像素比较高，配合上三脚架或拍摄台、补光灯和微距镜头等，翻拍出来的照片档案效果也不错，单反数码相机速度比扫描仪略快，遇到超过扫描仪幅面尺寸的档案也可以一次处理。

在使用数码相机翻拍照片时，首先需要使用三脚架或拍摄台把单反相机固定，让相机和被拍摄档案垂直，在柔和明亮的光线条件下，或使用补光灯补充散射的光线确保拍摄的光照亮度，避免照片反光；然后选用微距镜头（放大倍率能达到 1∶1 的微距镜头最好）对照片进行拍摄，保证被拍摄档案反映到传感器上的尺寸足够大，便于数字化成果的长期保存和最大化利用。对于底片的拍摄，现在很多单反相机都会配置相应的翻拍套件，套件中一般包括一个连接镜头的套环、一个前方带有一个白色滤光片的主体部分、一个胶片片夹。在拍摄过程中，先把数码相机机身固定，安装好相应的套件后，把待翻拍的胶片固定在套件中的胶片片夹上。由于套件自带滤光片，无须特殊光源，通过数码相机的机身即可翻拍胶片，非常方便。

三、录音档案数字化加工设备

高校档案馆会存放一些重要会议讲话、座谈、访谈、采访、课堂录音等录音磁带的录音档案，这些录音档案大都以磁带为载体，由于磁带的磁粉会随着使用次数的增加和时间的推移而产生不同程度的脱落，不利于录音档案的长期保存和提供利用。因此，把磁带等录音档案数字化加工为数字音频文件，既能方便无限次提供档案利用和资源开发，又不会对录音档案造成损坏。

人们通常使用放音机作为录音磁带的放音设备，选择计算机上的声卡作为模数转换设备，把放音机中的声音信号输出到计算机的声卡中，通过声卡处理为数字信号，存储到计算机中。最常见的放音机就是盒式录音机，随着网络的发展，录音机已趋于淘汰。因此，应该加快馆藏录音档案的数字化加工步伐，早日把录音磁带转化为数字音频文件。

随着语音识别技术的发展，在进行录音档案数字化加工的过程中，可以同时使用智能录音笔，在把磁带录音转换为数字音频的同时，把录音同步转为文稿，这样便于录音档案资源的长期保存、深度挖掘和开发利用。

四、录像档案数字化加工设备

录像档案的情况和录音档案类似，将传统录像带中所录的模拟视频信号进行模数转换后处理为数字视频，才能保证录像档案的长期保存和有效利用。录像档案数字化的加工流程与录音档案类似，选用能播放原录像带的放像设备作为输入信号，选择计算机上的视频采集卡采集放像设备上的视频信号，通过视频采集软件把视频进行编码和格式转换，即可转换为数字视频。由于视频的数据量较大，对计算机的配置要求较高，建议使用图形工作站来作为录像数字化加工的工作用机，尽量配置较高性能的 CPU、内存和显卡，避免转换的视频出现画面失真、卡顿或掉帧等状况。

第四章 高校数字档案馆管理信息系统建设

第一节 高校数字档案馆电子档案管理系统建设

高校电子档案管理系统建设应参照 OAIS 模型进行设计开发，以保障档案信息资源的长期保存和安全利用。系统应采用 B/S（Browser/Server，浏览器/服务器模式）结构，结合校园网统一身份认证进行分级授权管理，满足不同档案的集中式或分布式规范化管理。人们可以通过自定义模板、工作流、即时消息服务，在系统上实现档案收集、利用的审批业务流程化，对档案的收集、整理、移交、归档、统计和利用等进行全过程信息化管理和监控。系统应具有档案信息获取、管理、存储、利用、交换和服务等一系列功能，向档案利用者提供一站式、无缝集成的、个性化的档案查询服务及其他档案信息服务。系统应能集成管理各门类数字档案资源，具备收集、元数据捕获、登记、分类、编目、著录、存储、数字签名、检索、利用、鉴定、统计、处置、格式转换、命名、移交、审计、备份、用户管理、权限管理等基本功能，为电子档案的真实、完整、可用和安全提供首要保障，并达到灵活扩展、简单易用的基本要求。

一、系统总体要求

电子档案管理系统应具备开放性结构，可实现与学校 OA 及各部门业务系统的功能集成、数据共享与交换。

系统功能应具备可扩展性，应满足当前及可预见时间内的档案业务需求，可方便地进行功能扩展。

系统实现应具备灵活性，支持电子档案管理的业务模式、工作流程和数据结构等的灵活定义与部署。

系统应当采用分层的模块化结构，模块之间的通信按行业规定接口进行。各个子系统业务功能的维护和更新，以及新模块的添加均不影响其他模块，保证系统正常运行。

系统运行应安全可靠，保存电子档案管理关键业务过程记录，根据需要采取电子签名、数字加密和安全认证等技术手段，保障电子档案安全，防止非授权访问。采用多种安全技术管理机制，保障档案数据在存储、检索、传递、发布和管理等各个层面的安全。

系统应具备完善的安全保障措施和技术控制手段，有健全完善的用户操作权限控制机制、密码安全控制机制、日志监督和数据更新等多种手段，防止档案数据被窃取和篡改。系统能对所有的操作进行追踪调查并详细记录，具有日志记录和审查功能。

系统应依据电子档案保存和利用的业务要求分别建立相应数据库，数据库要具备较强的数据独立性，确保档案数据的长期保存、安全迁移及有效利用，并提供多样式的数据安全备份，支持按类、年度等方式进行后台数据库的数据备份。系统应能够管理符合国家、行业标准规定的多种门类、多种格式的电子档案，具备对实体档案进行辅助管理的功能。

二、档案接收

电子档案管理系统应具备电子档案接收功能，支持在线和离线的批量接收与处理，同时保存移交接收处理的记录。系统应该具备在线接收或脱机接收各归档部门产生的电子文件及其元数据、对传统载体档案进行数字化加工转换和采集重要数字信息资源等功能，并保持电子文件与元数据的持续关联；具备目录数据和内容数据等多种信息资源的采集功能，能够在线接收或以脱机方式自动或半自动接收、采集数据，能够批量导入、上传、挂接、导出档案数据，保证档案数据的可靠、完整、真实和可用；能对在线或离线接收的档案数据进行真实性、完整性验证，将接收采集的电子文件固化，具备格式转换的功能，将数据转换为符合国家标准的 OFD（Open Fixed-layout Document，开放版式文档）文件等保存格式。

系统应实现与各个业务系统之间的数据对接。例如，与学校的学籍管理系统对接，收录学籍信息、成绩单、毕业生登记表等应归档的文件上的相关内容；与成绩单等自助查询终端的系统对接，预留行业标准的接口；与学校学工管理、教务管理、科研管理、人事管理和财务管理等其他业务应用管理系统的数据对接。

系统应具备对电子档案的数量、质量、完整性和规范性等进行检查检测的功能，对不合格的进行标注，对检查合格的电子档案进行登记。支持电子档案数量的清点、内容和元数据有效性的验证，赋予电子档案唯一标识。

系统应具备对征集档案进行管理的功能，建立征集库，可按年度或捐赠人等查询征集情况，征集的档案整理后归入档案库。系统也要支持在线发布档案征集公告和联系方式，捐赠人可以在线填写捐赠清单并上传图片及其他文件材料，收到新的捐赠消息能以短信、邮件、待办事项的形式提醒征集人，征集人查看后能及时回复捐赠人及发送回执。捐赠成功后，支持将捐赠人、捐赠清单、捐赠档案图片等信息公开发布到档案馆网站上。

三、档案整理

电子档案管理系统应具备电子档案的自动归类与排序等功能，支持分类与排序的调整处理，并能根据实际业务需要新建档案门类或专题，对各类档案信息进行整理，包括补充著录、顺序调整、档号调整等操作。

系统应具备电子档案的著录、标引等功能，形成电子档案目录，并与电子档案全文相关联，具备新建、增加、删除、修改条目的功能，支持单个或批量原文的挂接、删除、下载、在线浏览等操作。

系统应能自动检查数据的重复性，具备查找替换（支持单个或批量）功能，提供高级检索、跨库检索、二次检索等检索服务。

系统应具备电子档案批量格式转换的功能，能对不符合长期保存格式的电子原文进行格式转换，生成符合国家、档案行业相关标准的用于长期保存和提供利用的电子档案。

系统应具备维护电子档案各组成部分及相关数据信息之间、电子档案与电子档案之间的关联功能。

系统应具备电子档案入库功能，并保存入库处理过程记录。

四、档案保存

电子档案管理系统应具备对电子档案及其目录数据库进行备份与恢复的功能，使用者可以设置备份与恢复策略，制作备份数据，对备份数据和介质进行登记、检测与管理，使用备份数据进行恢复处理，记录数据备份恢复过程信息。

系统应具备对电子档案存储状况的监控和警告功能，对存储介质不稳定、存储空间不足、电子档案非授权访问和系统响应超时等情况发出警告，跟踪和记录警告事项的处理过程。

系统应具备检查电子档案的真实性、完整性、可用性和安全性的功能。

系统应具备保护电子档案的功能，保障电子档案不被篡改和非授权删除，记录长期保存过程中的变动信息。

五、档案利用

电子档案管理系统应具备依据利用需求生成电子档案利用库的功能，支持电子档案的检索、筛选和输出，能够为利用者提供符合国家标准格式的电子档案。

系统应具备对电子档案进行多条件的模糊检索、精确检索和全文检索等功能，支持跨全宗、跨门类和二次检索，检索结果能够进行局部浏览和有选择性地输出。

系统应具备电子档案在线借阅服务功能，支持在线申请、在线审批、在线阅览、授权下载与打印等处理，并记录用户使用电子档案的意见和效果等信息。

系统应具备电子档案利用登记功能，保存档案利用者信息，并采取技术手段确保利用过程中电子档案不被非法篡改。

系统在档案工作局域网内应实现在线利用电子档案功能，用户可以查询已公开发布的档案目录，如需浏览原文及下载，需要登录后根据权限来操作；如无权限，需要向档案管理员申请。当档案管理员做出同意批复时，系统推送原文给申请人（可具体到哪一页），同时指定允许其利用的天数。到达指定天数以后，系统将自动回收用户的查阅权限。系统应根据某个用户的检索和利用等历史记录，自动提供“用户相似需求档案推荐”功能，实现类似淘宝“用户相似需求产品推荐”，通过追踪、采集、记录用户行为信息，为用户提供符合个人需求的个性化推荐档案信息服务。

具备条件的高校应在微信公众平台上开放档案利用平台，同时也应当开发智能移动端应用程序等档案利用平台，向校内外教职工、学生、校友等用户提供各类档案、知识库的查询服务，以及校友的学历证明、学位证明、成绩翻译业务的在线办理服务。当系统流程发生变化时，档案管理人员能够自行通过平台新增或修改流程，增加新业务，并能够根据业务需要，为每个环节分配不同的业务角色。微信公众平台和 APP 等新媒体的应用是为广大师生校友提供档案信息服务、校史咨询、校史信息推送等服务的重要途径，师生校友关注高校档案馆微信公众号后，可以查看馆藏资源介绍等信息，如档案馆简介、地址、电话等基本信息。系统可以自动回复用户查询的有关档案馆地址、电话及服务时间等信息，以图文形式对档案馆、校史馆做出简明扼要的介绍，展示档案馆馆藏珍品档案、展示档案馆通知公告及工作动态、呈现各类档案的查询服务流程及办事指南等，提供档案远程利用所需提供的信息反馈，介绍各类档案归档要求、联系地址、电话等信息，以图文形式向用户提供各类档案信息服务常见问题的解答，发布有关档案征集的信息，支持以音视频等多媒体交互形式展示校史资源。针对电子档案管理系统开发相应的移动端 APP，应支持 IOS 和 Android 等系统，支持授权用户使用移动终端进行档案平台查看、档案文件借阅与审批等操作，具备用户登录、快速导航、文章查看、视频查看、图片查看、档案检索、档案借阅、档案审批、档案订阅以及系统设置等功能，支持扫描二维码查看档案、电子文件在线阅读、图片在线预览、视频在线播放等功能。

系统应具备档案编研功能，对档案编研成果进行管理。系统应按专题中的关键词检索到相关的档案材料，提供编研的模板和素材库，对编研工作进行管理。档案编研人员可以制订编研计划、分配工作任务、审核编研文稿等，通过在线编辑、图像处理、复制并粘贴电子档案内容信息等操作，发布或下载编研成果。系统应具备把编研成果发布到档案门户网站、自助服务终端和触摸屏等功能。

六、档案鉴定与处置

电子档案管理系统应具备对电子档案鉴定与处置的定义、配置和管理功能，按照电子档案的处置规则，建立和设置档案鉴定与处置的条件、策略与流程，支持保管期限到期鉴定自动提醒功能。

系统应具备电子档案的鉴定与处置操作功能，支持密级、价值和开放等鉴定处理。

系统应保存档案鉴定与处置的过程信息，记录档案鉴定与处置的责任人员、意见和时间等信息。

系统应具备电子档案销毁管理功能，对实施销毁处理的电子档案进行彻底销毁，留存已销毁的电子档案的目录信息和销毁处理记录。

七、档案统计

电子档案管理系统应具备对电子档案数量与容量的统计功能，可按照档案的全宗、门类、文件格式、开放程度和年度等进行统计。

系统应具备对一定时间期限内的电子档案的接收、整理、保存、鉴定、利用等关键业务过程工作情况进行统计的功能。

系统应具备对现有档案进行各种条件的统计功能，支持导出、导入、自动汇总等功能，支持自定义配置项，能够根据需求灵活地制定报表模板，并提供档案统计报表、直方图、饼（柱）状图等多种显示方式。系统统计方式应包括按跨库统计、按单库统计、按密级统计、按立卷单位统计、按门类统计、按时间统计、按关键词统计、按保管期限统计、按档案利用频率统计等。

系统应支持档案利用服务在线统计，克服传统档案统计工作中信息实时统计欠缺的问题。应具备数据库频度统计、检索情况统计、检索词频度统计功能，并能通过自定义历史记录的时间段，自动生成检索统计走势图，实现对检索情况的统计分析。

八、系统管理

电子档案管理系统应提供电子档案数据库及其存储结构的定义与配置功能。

系统应具备电子档案分类方案的定义与维护功能，支持电子档案类目结构的建立与修改、锁定与解锁、导入与导出等处理；系统应内置常用的文书、科技、音像等档案门类的分类方案；支持对会计、业务类等专门档案分类体系的设置。

系统应具备定义与维护电子档案元数据和目录数据的功能，内置常见种类的电子档案元数据方案。

系统应具备管理用户信息的功能，支持系统管理员、系统安全保密员和系统安全审计员的三员分立的安全控制功能，支持电子档案管理用户的分组、分类管理，以及按照功能和数据进行授权等功能。

系统应具备日志及其分类管理功能，记录用户访问、存取和使用电子档案的行为和信息。

系统应具备对电子档案关键业务过程、档案管理操作行为和系统非授权访问等事项进行审计、跟踪的功能，并记录发现的问题。

电子档案管理系统是数字档案馆建设的核心，系统项目的实现主要包括规划、开发、实施、维护和更新等阶段，系统建设初期要从全局对系统建设工作进行统一规划，做好可行性研究、项目预算、组织建设、拟定项目建设日程表等准备工作。在开发阶段要对档案馆的业务需求进行详尽的分析，制定相关的业务规范，明确需求，购买或自主开发建设符合档案馆业务需求的档案管理系统。系统实施交付时，要根据学校的档案分类方案、保管期限、元数据方案、访问控制规则、系统角色定义等管理实际情况进行系统配置。在正式使用之前要通过各种功能、系统安全的测试，建议具备条件的高校对系统进行第三方权威机构的安全等级保护测评。使用前要注重对档案管理人员和部门归档人员进行培训，在运行使用后要组建合适的系统运行维护团队对系统进行维护和更新，保障系统的正常运行使用。

第二节 高校数字档案馆门户网站建设

档案网站是由档案机构建立在互联网上的将各类档案信息与档案工作信息归纳分类的图像化的应用系统，是若干链接在一起的相关网页的集合。高校档案馆是保管学校档案资源、宣传档案知识、提供档案信息利用服务的管理机构，其网站就是宣传档案工作、介绍馆藏资源、提供信息服务的重要平台。高校数字档案馆门户网站是宣传档案工作、开展档案信息服务的窗口，档案网站的建设是高校数字档案馆应用系统建设中不可或缺的一部分，也是档案事业发展战略的重要组成部分。

一、档案网站建设概述

档案网站是档案机构服务社会、扩大档案工作影响力、提升信息化水平的重要载体。

档案网站建设对于我国档案事业的发展具有重要意义，是信息时代档案事业发展的前提，是国家各级档案馆在互联网上发布公开档案信息资源的重要窗口和提供在线服务的综合平台，是档案信息资源共享平台建设的主要依托，是衡量档案工作信息化水平的重要标志，是档案资源充分利用、走向社会化和服务化的前提和基础。因此，加快各级档案网站建设成为当今档案事业及信息化发展的重中之重。

经过多年的发展，我国档案部门建立了较大规模的档案信息网站群，档案管理部门大都在互联网上建立了综合档案网站、城建档案网站、高校档案网站等专业档案信息网站，通过互联网为查档用户和社会公众提供档案资源和信息服务。档案网站是建立在公共信息互联网上的站点，以网络访问的方式为查档用户或社会公众提供档案信息资源和相关服务。档案网站建设是档案信息化建设的一项基础性工作，门户网站是档案部门为用户提供信息服务的平台，是档案部门重要的文化名片和交流窗口，也是用户查询档案信息和获取相关服务的重要接口。档案门户网站建设应以为用户提供档案信息服务为首要目的，并有序组织馆藏档案信息资源和充分展示档案文化，以确保档案资源的有效利用。

为了全面了解我国档案网站建设状况，把握档案网站发展动向，推动我国档案网站建设，2003 年底，中国人民大学信息资源管理学院成立了“档案网站调查与测评项目组”。通过“档案网站调查分析”、“我国省级档案网站测评”（2007 年）和“2015 年我国省级档案网站建设调查分析”等项目研究，从第三方的角度，通过客观调查和科学评估，持续跟踪我国档案网站的发展，总结经验，发现问题，提出建议，为我国档案网站建设水平的提高提供借鉴与参考。

2018 年，国家档案局技术部为了解全国副省级市以上档案局网站建设情况，进一步促进档案网站规范建设与管理，与中国人民大学信息资源管理学院共同开展了全国副省级市以上档案局网站绩效评估工作。从档案网站调查与测评项目组长期以来对档案网站建设情况的研究来看，档案网站建设应该着重关注资源服务、业务建设、网站设计等方面（具体的评估指标体系及权重设置见表 4-1，权重系数由《2018 年度我国副省级市及以上档案网站建设评估报告》的一级、二级和三级指标权重设置综合计算而得），我国各网站档案信息资源不断得到丰富且更新速率加快，网站设计更趋于人性化，网站的规范性以及维护力度也明显提升。

表 4-1 档案网站评估指标体系及权重设置

一级指标	二级指标	三级指标	说明	权重
1.资源服务	1.1 档案资源介绍	1.1.1 馆藏一览	评估档案网站提供以档案为中心的相关实质性内容，即该档案网站“拥有”哪些档案资源	2.00 %
		1.1.2 特色档案	特色档案资源的评估突出馆藏档案的与众不同、特殊之处，第一时间吸引公众查档兴趣	3.00 %
	1.2 在线档案查询	1.2.1 数据量	评估在线档案的目录与全文数据量	3.13 %
		1.2.2 查检方式	评估检索方式属于分类检索、主题检索、关键词检索或其他	2.50 %
		1.2.3 查询点	评估档案网站的在线查询档案的检索入口是否有效可行	1.88 %
		1.2.4 检索级别	评估检索级别属于简单检索、高级检索或专门检索	1.25 %
		1.2.5 检索结果及整合程度	评估网站检索结果提供是否全面并提供全文浏览	2.50 %
		1.2.6 在线帮助	评估网站是否在线提供疑难解答，提供方式是人工服务还是机器解答	1.25 %
	1.3 现行文件服务	1.3.1 数据量	评估现行文件目录与全文数据量	3.00 %
		1.3.2 查检方式	评估检索方式属于分类检索、主题检索、关键词检索或其他	2.00 %
		1.3.3 检索级别和结果	评估检索级别属于简单检索、高级检索或专门检索，以及检索结果是否提供全文	2.00 %
		1.3.4 数据时间范围	评估检索结果的有效时间范围	2.00 %
		1.3.5 在线帮助	评估网站是否在线提供疑难解答，提供方式是人工服务还是机器解答	1.00 %
	1.4 多媒体档案资源	1.4.1 照片档案	评估档案网站的照片资源质量	2.00 %
		1.4.2 视听档案	评估档案网站的视频、声频、音频等资源质量	3.00 %
	1.5 网上展览	1.5.13D 展厅	评估网站是否提供以三维模拟展厅实景，带给公众身临其境之感	2.00 %
		1.5.2 专题展厅、视频展厅	评估网站是否设有相关专题展览、视频展览的专门展厅	3.00 %

续表

一级指标	二级指标	三级指标	说明	权重
	1.6 地方信息	1.6.1 地方历史文化信息	评估网站是否挖掘地方历史文化特色，突出地域文化色彩	2.00 %
		1.6.2 地方旅游资源、产品信息等	评估网站是否介绍当地旅游文化资源、相关旅游产品信息	1.50 %
		1.6.3 地方美食、名人逸事等	评估网站是否介绍当地特色美食、历史文化、名人故事等	1.30 %
	1.7 网上预约	网上预约	评估网站是否提供网上预约查档服务	2.50 %
	1.8 学术资源	1.8.1 数据量	评估网站拥有学术型资源有效数据量	1.50 %
		1.8.2 数据组织程度	评估学术型资源有效整合程度、提供方式及手段等	1.00 %
	1.9 网上课堂	1.9.1 网上课堂的内容与形式	评估网上课堂开展的具体形式以及内容的新颖、趣味性等	1.25 %
		1.9.2 更新时间与浏览次数	评估网上课堂的动态性以及有效访问情况	1.25 %
2.业务建设	2.1 机构简介	2.1.1 机构简介	评估该档案网站有关机构自身和下级机构的简介是否详细（一般包括领导介绍、局馆介绍、职能介绍、内设机构等）	1.25 %
		2.1.2 入馆指南	评估该档案网站是否有入馆指南以及介绍是否详细（可包括查档手续、查档程序、利用阅读制度、开馆时间等）	1.25 %
	2.2 新闻动态		评估该档案网站发布信息的情况（信息是否分类发布、信息更新情况、信息质量和形式多样性等）	3.75 %
	2.3 网上办公	2.3.1 网上业务办理	评估该档案网站业务的在线办理情况（是否有业务在线受理状态、进程介绍以及办理结果的展示）	3.13 %
		2.3.2 政务公开	评估该档案网站政务公开情况（包括是否有公开指南、公开目录、公开制度，双人事、财政公开、统计情况等）	1.88 %
		2.3.3 业务培训	评估该档案网站业务培训情况（包括办事指南、网上课堂、教育培训等）	1.25 %

续表

一级指标	二级指标	三级指标	说明	权重
	2.4 档案征集	2.4.1 征集办法	评估档案网站是否提供关于档案征集的办法和范围规定	0.75 %
		2.4.2 在线征集	评估档案网站是否提供在线档案征集、流程以及结果公告	0.88 %
		2.4.3 征集展示	评估档案网站是否有征集案例的展示，宣传档案征集的方式	0.88 %
	2.5 公众参与	2.5.1 网上咨询	评估该档案网站网上咨询建设情况（是否提供用户与网站之间的交互平台以及交互情况，一般有留言、在线调查、在线咨询、投诉等）	1.25 %
		2.5.2 自媒体交互	评估该档案网站微博/微信/App 建设情况	2.50 %
		2.5.3 文档下载	评估该档案网站文档下载情况（是否提供文档下载功能，文档是否有效）	1.25 %
		2.5.4 联系方式	评估该档案网站提供联系方式的情况（一般有地址、电话和邮箱，联系方式是否有效）	1.25 %
	2.6 政策法规标准	2.6.1 法规标准	评估该档案网站相关法规标准的提供情况（法律、法规，规章、政策等是否归类，法律法规的数量和更新情况）	1.25 %
		2.6.2 政策解读	评估该档案网站政策解读功能的建设情况（数量和更新情况）	1.25 %
	2.7 公共服务		评估该档案网站公共服务的建设情况（公共服务一般包括天气预报、交通出行、邮编查询、民生字典、信用查询等）	1.25 %
3.网站设计	3.1 可达性	3.1.1 域名与 URL 规范性	评估档案网站域名、地址是否规范，以.gov.cn 为后缀，规范结构为“www.□□□.gov.cn”其中□□□为本地区、本部门机构名称拼音或英文对应的字符串	0.75 %
		3.1.2 响应时间	评估浏览器显示第一屏主页面的消耗时间。首屏的定义以 1 024×768 像素尺寸为标准，从开始监测开始计时，到 IE 浏览器页面显示高度达到 768 像素且此区域有内容显示之后的时间	0.94 %

续表

一级指标	二级指标	三级指标	说明	权重
		3.1.3 搜索引擎的收录数量	以百度为标准，评估百度搜索引擎收录各档案网站的网页数量	0.75 %
		3.1.4 布局方式	评估档案网站的布局方式，以自适应性布局为基准，包括静态布局、自适应布局、流式布局、响应式布局	0.38 %
		3.1.5 访问稳定性	评估一定周期内网站成功访问率，即访问次数/总访问次数	0.94 %
	3.2 可访问性	3.2.1 内容框架	评估内容分类组织是否合理，内容标识表达的准确性，网页不超过三层	0.75 %
		3.2.2 网站地图	评估网站地图的有效性和设计合理性，是否能清晰反映全站结构与内容	0.75 %
		3.2.3 导航	评估档案网站导航排布是否合理、分类是否全面，评估导航标签与内容是否一致	1.00 %
		3.2.4 站内检索	评估档案网站内部检索的有效性与准确性（结果排列：相关性、时间）	1.00 %
		3.2.5 语种	评估档案网站提供的语言服务。正常切换模式：English，可以根据地理位置或民族聚居等因素增加特色语种	0.25 %
		3.2.6 内部链接有效性	评估档案网站内部链接是否存在“死链”“错链”“断链”“空链”	0.50 %
		3.2.7 外部链接有效性及覆盖面	评估档案网站外部链接是否存在“死链”“错链”“断链”“空链”，并且覆盖是否分类明确齐全。外部链接：下属机构和上级机构，同级机构（地区）、国外机构等相关机构，考察收录是否合理	0.50 %
		3.2.8 无障碍浏览	评估档案网站是否建设无障碍浏览通道及其建设情况，以实现盲人/老人等弱势群体的辅助阅读	0.25 %
	3.3 外观设计	3.3.1 配色	评估档案网站配色是否适于阅读。标准：一种主色调，最多三种颜色	0.94 %
		3.3.2 标识	评估档案网站的名称与徽标标识是否明确突出、服色适当，标签是否形象（名称中英文对照）	0.94 %

续表

一级指标	二级指标	三级指标	说明	权重
		3.3.3 版面	评估版面布局合理性，分为头部标识区、中部内容区、底部功能区；版面比例；信息排版、字体一致性（正在更新的内容不可呈现）；无飘窗（政府纠错），版面不宜过长	0.94 %
		3.3.4 文字及多媒体	评估档案网站文字与多媒体的搭配比例，文字为主，图片等多媒体为辅	0.94 %
	3.4 影响力	3.4.1 全网信息发布量	评估微信、微博、政务、客户端新闻等 13 个发布源发布各地区档案信息量	1.25 %
		3.4.2 信息转载	评估档案网站是否能实现信息分享与转载	0.63 %
		3.4.3 被链接情况	评估档案网站群之间的链接情况	0.63 %
	3.5 网站安全		评估是否存在 SQL 注入攻击以及跨站脚本攻击的风险	2.50 %
	3.6 网站规范	3.6.1 浏览器兼容情况	评估档案网站对主流类别及常用版本浏览器的兼容性，页面保持整齐不变形，不出现文字错行、表格错位、功能和控件不可用等情况	1.25 %
		3.6.2 web 标准的符合情况	检证 html/xml 与 CSS 的合法规范	1.25 %
	3.7 权利保护	3.7.1 版权申请和保护	评估档案网站是否申请版权保护（版权所属和责任声明）	0.63 %
		3.7.2 隐私保护申明	评估档案网站是否进行隐私保护声明、网站对公众信息的收录内容说明、隐私保护安全性说明	0.63 %
	3.8 搜索引擎优化	3.8.1 站内链接结构	评估页面内容是否被搜索引擎所了解，是否使用 frame 框架，是否进行 flash 文字描述，是否进行图片 alt 描述	0.94 %
		3.8.2 关键词使用	统计网站关键词数量，关键词指公众搜索的关键词	0.94 %
		3.8.3 TITLE 和 META 标签	META 标签是否包含描述信息与关键词信息；标题信息是否清楚可读	1.88 %

二、高校档案门户网站建设现状分析

档案网站是高校在互联网上重要的文化名片和交流窗口，其建设水平直接反映了学校档案资源的信息化水平。高校档案门户网站是由高校档案部门建立，以档案信息资源为基础，通过网络提供档案信息服务的专业网站，是高校档案部门进行对外宣传和面向网络虚拟世界的一个窗口，是信息时代发展的趋势和社会信息化的必然要求。通过该窗口，师生可以快捷地查询自己的档案和可以公开的馆藏档案资源，获取信息服务。高校档案门户网站建设应以为师生提供档案信息服务为首要原则，以方便师生利用档案资源为首要目标，保证多种档案信息资源的有序组织和有效利用。

经过多年的数字档案馆建设，各高校基本建立了资源丰富的档案门户网站，通过网站为师生校友提供丰富的馆藏档案信息资源介绍。网站上通常设有档案馆概况、工作动态、业务指导、档案服务、资源下载和友情链接等栏目。各高校数字档案馆基本会着重设置专门的栏目来介绍本馆档案资源和档案服务指南，方便师生查阅档案，部分高校数字档案馆还会重点介绍校史和珍贵档案资源，彰显特色。网站不仅提供了档案法规，还具有档案业务指导等功能，部分网站还设置了互动服务功能，充分发挥了网站的用户服务作用。就网站设计方面，高校档案门户网站总体设计较好，网站的服务对象主要是校内师生，其对色彩、图文搭配和动画的要求是整齐、淡雅、和谐与朴素。网站名称均用馆名或学校档案信息网命名，域名和网址均为校园网下面的独立二级域名，较为规范。档案网站链接大都放在学校主页的直属附属单位或行政部门下，经过三次点击即可直接访问，便于查找。

但与省级档案门户网站建设情况相比，部分高校档案门户网站建设还是存在以下问题：

1.网站页面设计缺乏特色，维护更新不及时

网站页面是人机交互与信息呈现的窗口，是任何网站建设评价的重要指标之一。部分高校档案门户网站存在页面设计缺乏特色，维护更新不及时的问题。细化来看，高校档案门户网站存在的问题可以概括为以下几点：

首先，页面设计大同小异，只是把基本栏目简单排列，比如对档案馆概况、服务指南、工作动态和业务指导等做了简单介绍。

其次，导航不够清晰，网站在设计时没有充分考虑用户的使用习惯和需求，致使用

户不能快速找到自己所需信息。

再次，部分高校档案门户网站的结构设计不够合理，整个网站布局混乱，层次结构不鲜明。

最后，大部分高校档案馆对服务信息和新闻公告的发布列出了更新日期，但部分网站的信息发布时间为一年前甚至更早，缺乏必要的更新与维护。

2.档案资源建设情况不理想，特色资源不足

部分高校档案门户网站提供的信息资源不够丰富，仅仅在网站上堆砌一些简介、使用指南、工作动态和通知公告等内容，提供的信息完全不能满足师生、校友的实际需要。在档案资源的建设利用方面，由于经费、技术水平或其他方面的问题，师生需求量最大的毕业档案、校友档案、科研成果、学籍档案和学历认证等建设情况不尽如人意，不能提供检索服务。另外，学校自建的校史展览、名人档案等特色资源多为简单的文字和图片信息，没有提供音频、视频等多媒体信息，不能充分发挥特色资源的宣传教育作用。

3.服务范围狭窄，咨询服务质量不高，网站互动性欠佳

部分高校档案门户网站服务范围较窄，只局限在传统服务上，只重视档案馆概况、服务指南、信息浏览等基本服务，而忽视网上档案馆、网上校史馆、视频档案和特色服务等服务项目，还没有建立能够针对师生提供的资源检索、全文检索和科研成果检索等个性化服务。大部分高校档案门户网站都没有提供参考咨询服务，没有使用即时通信工具。在网站的互动性方面，大部分高校档案门户网站的互动性欠佳，馆员与用户、用户与用户之间没有建立互动平台，所提供的交流功能有限；网站做不到在线咨询或实时解答，无法得到用户的反馈，需要设置用户留言、在线咨询、电话咨询等互动服务。部分高校档案馆只是在建立网页，并不是真正意义上的网站建设，倾向于只为完成工作任务，并没有关注用户满意度、点击率以及资源利用率，这对档案门户网站建设和档案工作的进一步发展十分不利。

4.服务意识淡薄，服务功能不足，建站技术落后

用户服务本应属于档案业务管理范畴，但现实中高校档案馆因用户服务意识淡薄直接影响了档案门户网站的功能设计，即便是采购定制的档案门户网站具有相应功能，却因为用户服务意识淡薄而闲置不用。通常而言，档案门户网站被定位为资源服务型网站，既强调“有资源”，也强调“有服务”。曾有项目组在对我国省级档案门户网站测评之后，就强调档案门户网站应该加强对用户服务需求的关注。用户服务意识淡薄不仅有损

高校档案馆形象，制约档案信息资源有效利用，还会严重影响档案门户网站的健康发展。用户服务意识淡薄的问题需要从管理和技术两个层面入手，才可能得以解决。

档案门户网站建设应以观念创新为关键、内容重构为基础、技术创新为依托，以用户需求为导向，应拥有丰富的档案信息资源，并能提供功能强大的检索工具，以提高用户查阅信息的效率；重视与用户的交互，加强与用户的交流，为用户提供及时、全面、有效的档案信息服务。部分高校档案门户网站普遍存在“重展示、轻服务”的现象，具体体现在网站页面设计缺乏特色、服务功能单一、导航无序、网站互动性欠佳，只告诉用户“我们有什么”，而难以清晰地指导用户“我们可以为您做什么”。服务功能不足使得档案门户网站建设意义大打折扣，并损害了用户权益。

部分高校档案门户网站只是堆砌了一些简介和工作动态等信息，网站页面设计简陋，缺乏搜索、互动等功能，服务形式单一，移动设备上的网站访问服务功能缺失，其深层原因在于档案门户网站建设技术落后，在馆藏档案资源展示和档案信息服务方面都存在技术瓶颈。高校档案门户网站建设技术落后的现实原因主要有两个：一是高校档案部门被边缘化倾向严重，通常经费较为紧张，无力购买成熟商业软件建设档案门户网站；二是人力资源匮乏，自主开发档案门户网站时，缺少既精通档案业务又具有较高编程开发能力的复合型人才，最终造成档案门户网站建设技术落后、功能不全的现实局面。

三、高校档案门户网站建设的建议

（一）重视网站建设，提高网站的设计水平，体现档案门户网站特色

现在部分高校档案馆还没建立档案门户网站，还有一些高校的档案门户网站无法在公网上访问，由此折射出部分高校并不重视档案门户网站的建设工作、信息服务意识不强。好的网站首先应有良好的构思和清晰的建设理念，还应设立完善的导航系统，为用户获取信息提供快捷有效的途径。在栏目设置方面，高校档案馆应充分考虑用户需求，设置统一的搜索引擎，对馆内的资源提供“一站式”检索服务。对于用户使用频率较高的页面，应建立快速通道以方便师生使用。突出特色栏目，如设置毕业档案去向查询、校友档案查询、学籍档案查询、学历认证、科研成果查询、名人档案和学术交流等栏目，发挥高校档案馆的教育和服务作用。高校档案馆还应对各服务项目做简明清晰的使用说明，帮助用户顺利使用信息资源，从而帮助用户更好地利用档案资源。网站的设计在合

理实用的同时，还要注重页面的视觉效果，给用户以美的享受。

（二）重视档案资源建设，采取资源整合、共建共享策略

高校档案门户网站建设的基础与核心是档案信息资源的建设。首先，各高校必须加快档案数字化的步伐，提高档案数字化的效率。档案数字化不是一朝一夕的工作，而是一项持续性工作。高校馆藏档案数字化要坚持以用户需求为导向，根据利用优先的原则来确定数字化加工的先后顺序，将可公开、利用率高的馆藏档案优先进行数字化加工。其次，应注重档案的二次开发与利用。高校档案馆需要加强对档案资源编辑、研究等深加工，制作不同形式的档案相关素材，如可全文检索的双层 PDF 文档、音视频等相关多媒体档案，丰富档案门户网站的内容形式。最后，虽然高校档案馆的档案信息资源建设收集了大量的档案资源，但高校各部门移交的档案资源多以纸质档案为主，结构分散，只能进行简单分类编研形成数字化档案，档案信息缺乏统一的标准规范，难以跨库检索利用，不能共享，容易形成一个个信息孤岛，严重影响了档案的信息化进程。对于高校的档案信息资源建设，学校层面应该进行整体规划设计和统一标准规范，建立一个灵活、安全、可靠、稳定的数据采集和交换平台，使各部门的归档信息能够及时、准确、有效地汇总到档案馆，实现学校信息资源的互联互通、共建共享。

（三）以用户为中心，提供多渠道访问，保证信息服务质量

高校档案门户网站建设的目的是更好地为师生提供信息服务，因此高校档案馆应进一步强化服务意识，增强网站的服务功能。在做好网站基本服务的基础上，各高校档案馆要充分认识到新的信息技术和服务手段的重要作用，及时增加新的服务方式，才能更好地满足用户的需要。建立丰富多样的访问方式是提高档案查阅效率和效益的有效途径之一，如开通档案馆公众微信平台，开发数字档案馆 APP 等，通过抓取档案馆主页上最新的信息为用户提供信息推送服务。在虚拟参考咨询服务方面，网站应尽可能多地增加信息咨询服务方式，如实时咨询、FAQ（Frequently Asked Questions，常见问题解答）、官方微博、E-mail 等。高校档案馆还要加强网站交互功能，搭建用户之间、馆员之间、馆员与用户之间的沟通桥梁。网站可以通过提供信息资源评论、站内短消息、BBS（Bulletin Board System，电子公告板）等服务方式，加强网站的交互性。通过这些交流平台，既可以使有共同需求或兴趣爱好的用户一起探讨他们所关心的热门资源话题，比如需要哪一方面的档案信息资源、如何建设档案信息资源更能方便查询利用，也可就某

一主题交换各自的想法，还可使用户有机会向其他人推荐和展示自己喜欢的作品，从而完善档案资源。网站可以通过建立用户投票、信息评论等功能，调查了解用户使用网站的状况和对相关信息服务的评价，通过这些反馈信息，可以对档案信息服务及时加以改进和提高。

（四）加强网站宣传，实时维护更新，充分发挥文化教育功能

在信息技术飞速发展的今天，网站不仅是高校档案馆向用户提供网上服务的平台，也是高校档案馆对外交流的重要窗口。高校档案馆要加强对网站的宣传，积极通过各种途径宣传，争取更主动地服务于用户，具体的方法包括建立档案馆官方微博，及时发布新闻动态、展览通知、服务指南等服务信息；主动与其他档案馆网站互相建立友情链接；通过电子邮件宣传；在宣传资料上加印档案馆网址；等等。高校档案馆只有做好网站宣传，让更多的用户访问和使用网站，全面利用网站提供的服务，才能赋予网站长久的生机与活力。

在日常工作中，高校档案馆还应该对网站进行实时的维护与更新。网站维护主要是技术维护，包括对运行服务器和网站安全的检查，保证档案信息资源的安全，查看日志、记录文件、定时查杀病毒、建立防火墙、防止黑客侵袭、对服务器数据进行备份等。网站更新包括内容更新和形式更新：内容更新主要是对网站的过时信息或错误链接及时进行清理和补充，及时发布最新的信息资源，保证网站提供信息的准确；形式更新是指网站可以适当变换一些图片、栏目等的设计样式，这样可以使用户对网站保持新鲜感，提高网站访问量。另外，高校档案馆需要安排专职专业的技术人员对数据库和网站数据进行及时的维护和备份管理。

高校档案馆还应该注重对特色历史档案的开发利用，开发校史研究、校庆展览、大事记等丰富多彩的档案信息资源来充分发挥档案的历史教育和爱国主义教育的功能。

四、高校档案门户网站建设的过程

网站建设是指提出建设网站需求后，从网站策划开始到最终网站上线的全部过程，主要包括网站策划、网站规划、网站设计、网站搭建、系统实现、网站测试、网站发布等环节。

网站策划就是对网站进行谋划，指出要建一个什么样的档案网站，提供什么样的档案资源和服务。

网站规划环节主要是对策划的网站进行整体部署，提出细化的要求，在明确建设网站的目的和目标的基础上对网站的内容、文件目录等进行整体规划。网站规划环节应该形成网站建设的纲领性文件，指导网站建设。

网站设计环节主要是按照网站总体规划对网站的内容结构、网站表现形式和网站页面功能等进行详细设计，网站中的系统实现都要按照网站设计来进行，网站的实现过程也就是实现网站设计的过程。

网站搭建环节主要是按照网站设计搭建起网站的框架，包括网站的运行环境和建立站点，为网站系统实现做好准备。

系统实现环节主要是按照网站设计开始制作各个页面，编写各个应用程序并把相应功能部署到对应的网站页面中。

网站测试环节主要是对网站在链接有效性、网页下载速度、网页语言正确性、网站可用性、网站交互性、网站兼容性等方面进行测试。

在通过测试后，档案门户网站即可正式发布运行，在平时的网站管理工作中还要注重对网站的日常内容维护、更新和升级。

高校相对理想的建立门户网站的方案是依托电子档案管理系统来进行网站建设。除了网站建设所需的常用功能，还可以在网站中集成档案发布功能，使经过鉴定划控的可以公开发布的档案能方便、快捷地发布到档案门户网站中，丰富网站资源，提供更多可以公开的档案资源，便于师生、校友进行科学研究。

目前大部分高校都建设了相对成熟的站群系统，档案馆在进行网站建设时也可依托学校站群系统。高校站群系统的建设充分借鉴了电子政务中心网站群建设的成功模式，技术成熟，标准统一。站群系统可以提供网站的安全备份、漏洞扫描等更多的技术支持，后期进行资源整合时也能够避免信息孤岛问题。

档案部门也可选用成熟的开源软件进行网站建设工作，下面以笔者的实践为例，介绍运用开源软件 Drupal 和 Bootstrap 建设档案门户网站的过程：

（一）运用 Drupal 和 Bootstrap 的建站优势

Drupal 可集成丰富的功能模块和构建强大的信息服务功能，形成一个为用户提供完备服务功能的网站平台架构，因此，Drupal 是一个开源内容管理系统平台，用于提供搭建多种功能和服务。Bootstrap 是一个开源的网站前端开发框架工具集，包含丰富的前端组件库和内置网站样式，用于开发响应式布局、移动设备优先的网站项目。使用 Bootstrap 框架可以在 Drupal 平台中自由使用 CSS（Cascading Style Sheets，层叠样式表）、HTML（Hyper Text Markup Language，超文本标记语言）和 JavaScript 等前端响应技术，从而降低开发难度和技术门槛。简单来说，Drupal 可以提供功能完备的网站框架平台，而 Bootstrap 可以提供美化视觉效果的前端技术。Drupal 和 Bootstrap 由于具有开源免费、功能完善、技术门槛低等优势，越来越受到网站建设者的青睐。国外的耶鲁大学、斯坦福大学，以及我国的北京大学、清华大学、台湾大学和澳门科技大学等高校图书馆，都采用 Drupal 内容管理系统构建了自己的档案门户网站，这些网站受到内部业务人员和外部用户的一致好评。遗憾的是，国内很少有机构运用 Drupal 和 Bootstrap 建设档案门户网站。档案管理部门与图书管理部门在信息资源管理、用户信息服务和管理职能等方面都具有高度相似性，将 Drupal 和 Bootstrap 运用于档案门户网站建设不仅可行，而且能够解决档案管理部门建站经费不足、技术要求高、网站功能不完备等难题。

1.开源免费

Drupal 是一个开源的模块化内容管理框架，全球数以万计的网站开发专家都在为 Drupal 技术社区贡献代码，Drupal 的代码在安全性、成熟度等方面都能达到世界先进水平。Bootstrap 是一个免费开源的成熟前端开发框架。Drupal 和 Bootstrap 不仅可以免费使用，而且能够在开源软件的开放式创新中获得持久的技术支持，从而保障网站安全性。开源免费的优势可以解决档案管理部门经费不足的难题。

2.功能完善

Drupal 的另一个优势是功能完善，主要体现在以下几个方面：

一是常用功能齐全，包括内容编辑、发布和分类管理；能够快速抓取其他指定网站信息，实现信息聚合；可根据层级组织关系按年度或分类有效组织和展示馆藏档案资源；可展示照片档案信息，支持用户拖放排列；具有分词功能，可定时更新索引和高亮显示搜索结果；根据用户浏览内容提供相应的帮助文档；具有实时互动和留言回复功能；等等。

二是模块可定制，网站建设变得像搭积木一样简单，需要什么功能就将相应模块配置在页面上即可。

三是权限分类分级配置，能够针对游客、注册用户和档案管理员呈现出不同的网站页面和内容，便于不同用户访问不同版块，以此保证内容的安全性，提高用户工作效率。

总而言之，Drupal 功能强大，能够满足档案门户网站在管理、业务以及用户使用三个方面的需求。

3.技术门槛低

运用 Drupal 建设网站要求具备熟练掌握 CSS、HTML 和 JavaScript 等代码调试能力，而 Bootstrap 响应式前端技术的出现弥补了这一缺陷，有效降低了网站开发建设的技术门槛。Bootstrap 提供功能完善且可复用的 HTML 组件、JavaScript 组件和许多现成的代码片段（模块），可以方便地进行拖放式页面布局，不需要费时费力地进行程序编码，只需要找到合适的模块，插入合适位置，即可快速搭建一个模块化、功能齐全和风格统一的档案门户网站。搭建的网站采用响应式设计，能够自动适应用户设备屏幕，兼容台式机、手机、平板、超大屏等分辨率。较低的技术门槛解决了缺少高级编程开发人员的难题，同时又能够使档案管理部门将精力集中在业务工作和业务创新上。

（二）运用 Drupal 和 Bootstrap 建站的设计思路

1.档案网站栏目结构设计

档案网站建设应该注重资源服务、业务建设和网站设计。

在资源服务方面，应该设计不同的展示页面来充分展示可公开的馆藏档案资源、现行文件、历史发文、学术资源和多媒体资源等，同时考虑提供档案检索、网上预约等服务。

在业务建设方面，应该介绍档案机构的简介、工作动态和与档案相关的政策法规标准。

在网站设计方面，应该着重考虑网站的外观、安全和用户交互响应等。

档案网站建设的目标是集中展示档案馆内可公开的档案资源，为用户提供档案信息服务。这要求网站首先发布档案资源介绍、机构简介和工作动态等内容；其次针对文字、图片和视频等不同格式的可公开档案资源，网站管理者需要快捷地录入、组织、发布和维护档案资源并授权给指定权限的用户浏览；最后网站需要具备实时交互功能，为用户提供实时在线咨询和档案资源检索等个性化服务。

确定网站的具体栏目结构后，高校档案馆可以运用 Bootstrap 的相关模板和组件对网站进行整体规划设计，做到网站布局合理、条理清晰、层次分明、导航方便、风格统一。具体的建站流程如图 4-1 所示。

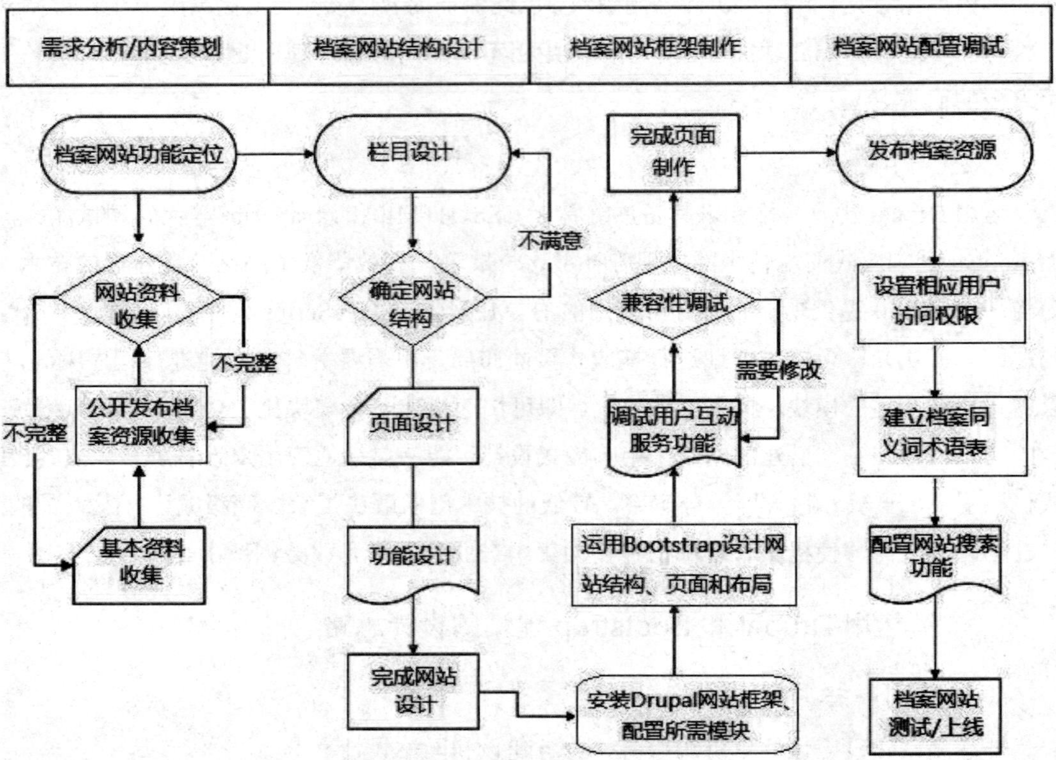

图 4-1 运用 Drupal 和 Bootstrap 建站的流程

2.档案网站功能与所需 Drupal 模块分析设计

Drupal 包含内容管理、模块管理、主题模板管理、用户管理、用户角色和访问权限控制等网站基础功能，同时具备丰富的第三方模块、简洁的主题模板引擎和强大的 Drupal API，能满足快速建设档案网站的工作需求。笔者根据对我国各级各类档案网站的调研结果，并结合实际业务经验，对档案网站栏目结构、功能与 Drupal 模块的对应关系进行了归纳总结，如表 4-2 所示。

表 4-2 档案网站建设需要配置的 Drupal 模块

主要栏目/功能		功能需求	Drupal 所需主要功能模块
资源服务	档案资源介绍	网站发布内容页面的基本功能	Drupal Core、CTools 等
	档案资源展示	允许用户以大纲形式创建和组织相关档案资源的内容	Book、Views Slideshow 等
	照片档案展示	展示照片档案信息，可以读取照片档案图像 EXIF 参数	Album Photos、Views Slideshow 等
	多媒体档案资源展示	展示视频、音频格式的声像档案	Media、SWF Tools 等
	档案搜索	实现网站内容的全文检索	Search 系列和 Apache Solr
	网上预约	互动提交档案查询预约	Guestbook、Mail 等
	网上课堂	发布档案相关知识的课程资料供用户自主学习	Course
	学术资源	发布图文、视频等格式学术资源	Book、Media 等
业务建设	机构简介	发布部门介绍	Drupal Core、CTools 等
	工作动态	发布与工作相关的新闻动态	Drupal Core、CTools 等
	档案法规标准	发布档案法律法规、标准规范	Book、Views Slideshow 等
	档案征集	发布档案征集公告和捐赠新闻等	Drupal Core、CTools 等
网站设计	网上交互	让用户对已发布的内容进行评论和讨论，启用个人和站点联系表单，提供讨论的论坛	Comment、Contact、Forum、Help
	可访问性	提供网站单元及功能测试的框架和实效链接，杜绝网站死链	Testing 和第三方测试链接软件
	外观设计	外观美观、导航方便、用户响应	与 Bootstrap 集成
	网站安全	管理用户注册及登录系统	User 等
建设网站 Drupal 部分必备模块		可根据用户喜好或不同类型用户改变网站主题（外观、风格）	Theme、Color、History 等
		可根据不同类型用户组织网站内容，呈现不同视图	Views、CCK、Menu UI、Node、Toolbar 等
		控制构件页面区块的可见性	Block、Custom Block
		利用 RSS、RDF 以及 Atom 等形式聚合外部数据源	Aggregator、RDF
		使用 CKEditor 对富文本字段进行可视化编辑	CKEditor、Text Editor

续表

主要栏目/功能	功能需求	Drupal 所需主要功能模块
其余特色功能	对档案资源内容分类，自动聚合	Taxonomy、View 等
	网站支持多语言版本	Language、Translation 等
	支持 Bootstrap 响应框架	Views Bootstrap、Bootstrap Layouts、Bootstrap Library
	商城，按需要实现用户支付功能	Ubercart 等

Drupal 是一个强大的模块集成系统，使用的模块采用 MVC（Model-View-Controller，模型-视图-控制器）架构模式，使网站业务逻辑和网站浏览表现层相分离，易于网站架构维护和协作开发。MVC 将网站系统的表示部分提取为视图（View），它只负责数据的显示和用户输入数据的接收，业务流程的处理由控制器（Controller）操作，实现了网站内容和页面展示的分离。模型（Model）负责网站业务数据的处理，包括网站展示的数据和接收数据的处理。控制器负责接收来自用户的请求，使模型与视图相互匹配，并共同完成用户的请求处理过程。视图代表用户交互界面，可以理解为浏览器所呈现的 HTML 页面。运用 MVC 架构的网站在建设过程中，对其中一个业务逻辑（即 Drupal 中的一个模块）进行修改，不会影响网站的视图和内容，这样只需要把每一个模块和主题集成到网站系统中，细化和完善需求后，不用太多关注 HTML 等技术细节，即可快速实现档案网站的建设。

（三）运用 Drupal 和 Bootstrap 的建站过程

1.安装 Drupal，配置相应模块

Drupal 是使用 PHP（Hypertext Preprocessor，超文本预处理器）语言编写的开源内容管理平台。安装 Drupal 之前需要配置好 PHP 的运行环境，常见的 PHP 运行环境有 LAMP（Linux 服务器操作系统+Apache 网站服务器软件+MySQL 数据库管理系统+PHP 语言）和 WAMP（Windows 服务器操作系统+Apache 网站服务器软件+MySQL 数据库管理系统+PHP 语言），可以根据现有服务器操作系统来选择安装配置不同的 PHP 运行环境。安装好 PHP 运行环境后，可以到 Drupal 官方网站上下载安装最新版本，并对照表 4-2 中的模块下载、安装、配置并启用对应模块及相关模块。

2.运用 Bootstrap 设计网站栏目、页面和布局，导入 Drupal 系统

运用 Bootstrap 模板库和丰富的组件，可以根据档案部门的实际情况和网站建设的具体需求，设计网站的结构，从用户使用方便的角度出发，网站结构清晰，层次分明，导航方便，所有页面设计面包屑导航和搜索栏，重点关注档案资源的展示，设计与用户进行互动交流的页面。在 Drupal 中下载安装并启用 Bootstrap 模块，把设计好的档案网站 Bootstrap 框架导入安装好的 Drupal 系统中，这样注重用户体验的“一源多屏”的响应式网站就完成了全局样式的布局。

3.档案网站页面类型及展示的资源内容

档案网站不仅要对档案部门业务进行介绍，为查档用户提供利用指南，发布档案部门工作动态和通知公告等新闻页面内容，还要根据丰富的馆藏特色资源建设各种网站页面，通过图片、音频、视频等多媒体信息展示可公开的档案全文和档案资源，充分发挥档案资源的宣传教育作用。表 4-3 归纳了档案网站常见的不同档案资源类型所需展示的页面内容。

表 4-3 档案网站建设展示的页面内容

页面类型	展示对应档案网站资源	功能特点
新闻页面	Drupal 基本页面	发布新闻，支持图文混排
文书档案	可公开的文书档案资源	按自定文元数据展示不同种类的文书档案资源，授权用户可使用类似“百度文库”功能查看档案资源全文
照片档案	可公开的照片档案	以相册照片方式展示照片档案
视频档案	可公开的档案视频	在线展示多媒体档案资源
档案学术资源	交流展示学术资源	在线展示档案学术资源
网上档案课堂	档案知识宣讲和教育	以网络课程方式展示档案课堂

4.根据不同用户角色组织不同访问权限的页面内容

Drupal 采用“基于角色的访问控制”的权限管理机制，角色可以理解为一个用户组，组内成员具有相同的网站访问和操作权限。Drupal 具有强大的基于角色的用户权限管理功能，每个用户可以同时具有一个或多个角色，在网站建设过程中可以根据档案管理工作的不同职能，设定新闻发布、档案资源发布、档案学术资源发布、档案课堂发布等网

站管理角色，方便职能不同的档案管理人员对网站内容资源进行更新和维护；Drupal 也可以根据查档用户、注册用户、归档人员和档案管理人员等不同角色的需求，定制不同的网站页面和内容，不同的用户根据不同的功能及相应权限访问不同的网站版块和个性化环境，既保证了档案内容的安全性，同时也大幅度提高了工作效率，很大程度上减轻了网站系统管理员的负担。

5.运用 Taxonomy 模块建立档案同义词术语表

在 Drupal 构建的网站中，档案部门可以通过 Taxonomy 模块建立档案术语表，建立符合自己实际工作需要的完整的馆藏档案资源分类体系。档案网站应该以档案著录规则和相应的档案分类标引规则为基础，为馆藏可开放的文书、照片、视频等档案资源建立相应的一级类目和二级类目的档案同义词术语表。该表结合 Drupal 中的 Views 模块，为网站页面组织展示档案资源提供基础，制作出简单的数据资源列表，同义词同时也能提升网站关键词检索的查全率。

6.配置 Apache Solr 提供网站全文搜索功能

Drupal 网站默认使用 Search 模块实现搜索，该模块通过数据库查询实现全文索引，然而 Search 模块在中文分词方面搜索结果不太理想，并且随着网站内容增多，检索效率快速下降。要想解决这个问题，可以在 Drupal 网站中配置开源的 Apache Solr 搜索服务器。Solr 中的查询解析、搜索和分类等功能基于 HTTP（HyperText Transfer Protocol，超文本传输协议）和 Apache Lucene 实现。在 Solr 中，应用 Lucene 对每一个文档资源进行注释，每一个文档的注释由名称、内容和给出内容处理方法的元数据组成，为 Solr 搜索应用发送和返回 HTTP 请求提供索引和搜索集合。可以在 Drupal 网站中启用 Apache Solr 模块，安装 Solr 的 Java 运行环境 JDK，再到 Apache 网站下载 Solr 包并安装配置，为达到更好的检索效果，还可以下载和配置 IK Analyzer 中文分词包来提供良好的中文关键词检索服务。在 Apache Solr 中可以配置命中关键词高亮显示、显示热门搜索词、自动检查更正用户输入关键词拼写和自动补全用户输入关键词等功能，能够提高用户的档案信息检索服务体验。

7.配置互动咨询功能

档案网站的互动咨询服务能给用户提供多样化的服务方式，可以使用 Drupal 中的 FAQ 模块和 Context Help 扩展模块构建网站在线帮助文档，根据用户关心和常见的问题按关键词汇总分类提供问题及答案，在用户使用网站过程中提供相对应的帮助文档；还可以使用 Best Reply 和 Topic/Answers 模块构建问答平台，允许用户自主发布问题，并从管理员或其他用户的回复中选择一个最佳答案，从而实现用户与用户之间、用户与管理员之间的交流互动。传统的电话、邮箱等咨询服务方式已经难以满足信息社会的用户要求，Drupal 的 Chatroom 模块能够实现用户实时咨询和留言回复功能，并且可以在 Drupal 中配置 Wechat 模块和 Tencent QQ 模块，实现微信和 QQ 客服的功能，让档案网站成为用户与档案部门的信息交换平台。如果档案部门提供远程查档利用服务，Drupal 网站也有 Ubercart 模块，提供在线支付等电子商务功能。

经过多年发展，我国档案工作基本实现档案网站建设全覆盖，存在的问题主要是网站建设质量不高、服务功能不全、用户体验较差等。笔者在反思档案网站建设存在问题的基础上，提出并分析使用开源软件 Drupal 和 Bootstrap 构建档案网站的优势、设计思路和实现过程，能够较好地解决档案网站建设中存在的经费不足、开发人才匮乏、技术落后等问题。值得一提的是，笔者对运用 Drupal 和 Bootstrap 建设档案网站的思路和过程进行了归纳总结并在测试环境中进行了成功实践。Drupal 丰富完备的功能模块和 Bootstrap 交互响应功能组合后，可以不断完善档案网站功能，构建以用户为中心的档案信息服务网站，这些研究内容和后续工作还需要档案业务人员在实践中根据档案工作需求不断探索和完善。

第三节 高校学籍档案管理系统建设

在高校档案管理工作中，利用率比较高的是学生个人的学籍档案，毕业生因出国留学、求职等各种问题，需要回学校来查阅自己的成绩，同时需要学校出具中英文成绩单、学历学位证明等材料。但学生的个人学籍档案大多分散在学生处、教务处、研究生院等多个部门的归档材料中，学籍档案的查询利用工作量较大。所以对于高校来说，一个能集成学生个人学籍档案的管理系统是必不可少的。

学籍档案管理系统需要从教务处、学生处、研究生院及其他部门业务系统的数据接口获取全校的学生数据，形成电子档案。获取的学生数据主要包括学生入学基础信息、学生成绩单、录检表、毕业信息、就业信息、毕业证书编号、学位证书编号、一卡通信息、培养计划、学生异动信息、学生在校期间奖惩情况等信息。获取后要把这些信息汇集起来归档，形成系统的学籍档案门类，尽可能实现电子数据在线批量归档和管理，方便档案部门出具中英文成绩单、学历学位证明、在读信息等各类格式材料，出具的每份材料都应自动编号存档。系统最好能实现学生成绩单、毕业证书、学位证书、在读证明等材料的自动翻译功能并提供在线借阅利用服务。系统出具的成绩单和翻译证明在加盖电子签章以后，可在学信网电子成绩单验证栏目中进行验证，这样能够提高学籍档案的服务利用效率，从而提升学校的管理水平。系统同时应具备对学生的学位论文进行管理的功能。学籍档案管理系统应具备以下几个功能：

一、集成学生个人学籍档案电子卡片

学生的学籍档案真实记录了学生在校期间的点点滴滴和成长过程，是学生在学校学习、生活等各种活动中形成的有保存价值的文字、表格、图片及其他各种形式的历史记录。由于大部分高校的管理方式发生变化，学生的人事档案伴随学生毕业离校后调出，档案馆留存的学生个人档案不多。在这种情况下，高校可以利用学籍档案管理系统集成学生个人学籍档案电子卡片，以长期保存学生在校的学习记录，形成珍贵的校友档案，为校友与母校之间搭建一座长期沟通的重要感情桥梁，有助于提高档案工作的影响力和进一步开发校友资源。

学籍档案管理系统应当从就业办获取学生姓名、性别、学号、毕业证号、报到证号、所在院系、专业名称、工作单位、档案接收单位、有无档案暂存协议、档案暂存期限、原籍所在地等毕业信息，从迎新系统中获取录取本科生、研究生、成人教育新生的姓名、学号、所在院系、专业名称、原籍所在地、入学照片等入学登记信息（包括新生录检表），从教务处等教务部门获取学生退学、转学、转系、留级等学籍异动信息。此外，还要获取学生培养计划、成绩信息、奖惩记录、学位论文、毕业照片、毕业证书编号、学位证书编号等信息，最后，把这些信息集成在每个学生学籍档案电子卡片中。

在校学生通过登录学校一站式服务平台或网上办事大厅即可查看自己在校产生的档案；教师可以通过授权，查看在校学生和校友的学籍档案电子卡片；已毕业的校友可以通过授权，登录学校档案网站，查看自己的学籍档案。

学籍档案管理系统应根据学生信息类别动态形成电子学籍卡片组。卡片组由基本信息、培养计划、入学信息、录检信息、奖励、处分、学籍异动、毕业信息、档案去向等多个电子卡片组成，其中卡片组中的电子卡片及卡片上的信息可由档案管理员动态添加。每个卡片上的信息都可在阅览时，根据权限进行编辑修改，若在其中一个卡片上修改信息内容，系统应该同时更新其他卡片上的相同信息内容，例如更新了某位学生基本信息卡片上的学号、姓名、性别、院系、专业等内容，那么这位学生其他电子卡片上这些相同字段的内容应当同步更新。不同业务系统也可以将学位证书、毕业证书、学位论文、毕业照片等信息推送到学籍档案管理系统中，学生也可以自己登录系统上传这些信息，由档案管理员审核。

学籍档案电子卡片应当支持自助查询终端查询，同时应当与档案馆的自助终端进行对接，师生、校友可以通过身份认证、自助验证等方式，自助查询个人学籍档案和自助打印自己的成绩单等个人信息。

二、提供可信电子成绩单

通常，高校已经在学生毕业时对学生的纸质成绩单或电子成绩单进行归档，但对于学生个人来说，继续深造或寻找工作的过程中可能需要提供成绩单证明，而这时学生往往已经离开学校。那么，如何为学生远程提供一个原始、真实、可靠、完整的成绩数据，对于学校来说是一项重要的工作。远程提供可信电子成绩单不仅可以为校友往返学校查询纸质成绩单档案节省大量的时间和费用，也可以避免出现纸质成绩单污损、丢失和不易验证的情况。

目前，中国高等教育学生信息网（学信网）已经可以验证在线电子成绩单，北京大学、清华大学、北京科技大学、中国农业大学、中国地质大学（北京）、重庆大学、吉林大学、华中科技大学、河北工业大学、四川大学、烟台大学、中国石油大学（北京）、安徽财经大学、南京大学、北京交通大学、北京工商大学和东南大学签名颁发的电子成绩单已经能实现在线验证。高校在建设学籍档案管理系统时，应该考虑使用电子签名技术来提供可信电子成绩单，这样能够有效防止成绩单被篡改，充分保障成绩单的真实性和完整性。高校应与学信网实现数据互通，使出具的电子成绩单能够快速通过教育部官方权威机构——学信网的认证，有效提升学校出具的成绩单在国内、国际的受认可程度。

这样的远程成绩查询办理方式，可以避免校友往返学校办理档案查询业务，节省他们的时间和精力，让“数据多跑路，学生少跑腿”，有效提升学校的管理水平和业务处理能力。

高校设计可信电子成绩单方案应遵循《中华人民共和国电子签名法》等相关法律法规和标准规范的要求，运用第三方电子认证服务机构提供的合法电子认证服务及相关成熟产品，为可信电子成绩单的生成、应用、归档提供全面的技术支撑，促进业务安全可靠开展。高校通常采用 OFD 或 PDF 等版式文件格式作为电子成绩单的载体，保障电子成绩单格式固定，不受系统、软件升级等限制，保证长期可用。高校应建设可信电子成绩单服务系统，为电子成绩单增加可视化可信特征，保障电子成绩单的真实性和完整性，同时建立符合法律要求的责任认定和抗抵赖机制，引入第三方合法电子认证服务机构颁发的数字证书，代表电子成绩单签发高校的真实身份。学籍档案管理系统提供可信成绩单的总体架构如图 4-2 所示。

可信电子成绩单的生成过程首先需要从档案管理系统中提取学生的基本信息、所选课程、课程成绩、培养计划、学分等信息，生成 PDF 等版式文件，其次通过第三方合法电子认证服务机构提供的数字签名、可信时间戳等加密服务对 PDF 等版式文件进行加密，最后便可生成可信电子成绩单（见图 4-3）。生成的电子成绩单，学生可以在学信网上进行验证及认证，也可以在高校自己搭建的在线电子成绩单真伪验证平台进行自助验证（验证 PDF 文件签名的原理和学信网验证一致）。

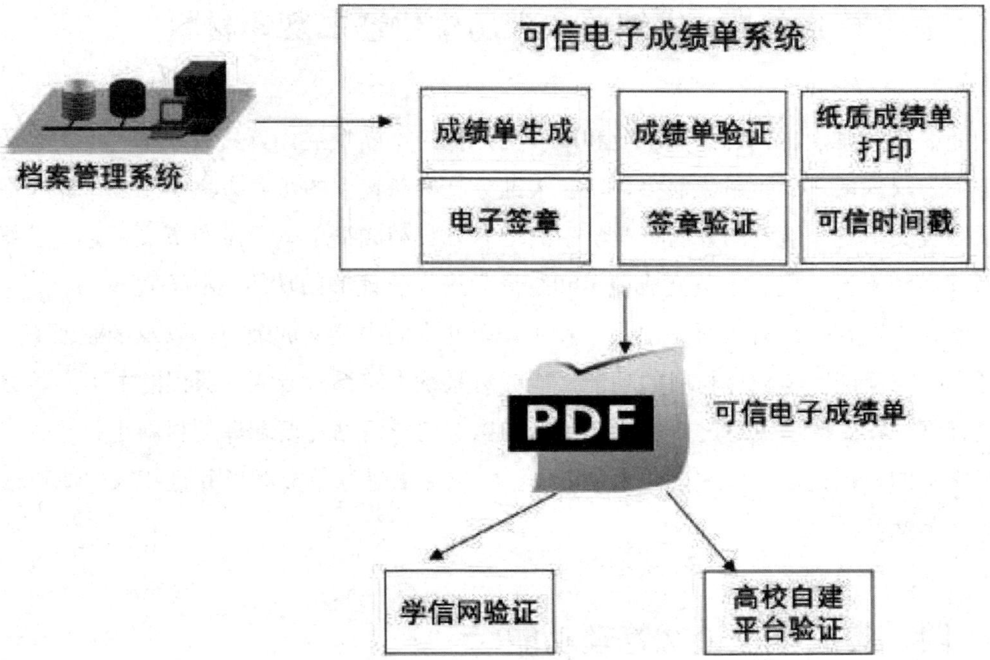

图 4-2 提供可信电子成绩单总体架构图

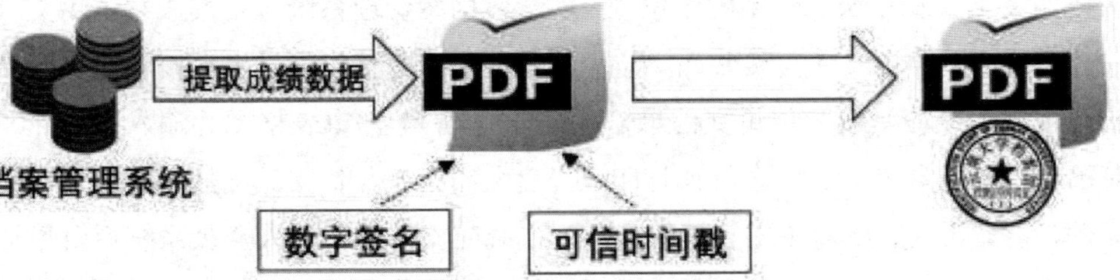

图 4-3 可信电子成绩单生成流程图

在学籍档案管理系统中集成可信电子成绩单功能，是基于电子签章、时间戳等技术实现的可信电子成绩单解决方案，保障了电子成绩单的原始性、真实性、完整性和安全性，可直观、有效地向成绩单验证方展现成绩单是否被篡改、印章是否被冒用，降低了成绩单真伪辨认的难度。电子成绩单的出具，优化了成绩单办理方式，加快了成绩单办理流程，提升了学校的业务管理水平及工作效率，更好地为学生服务，同时也为社会节省了大量的人力和财力。

三、提供中英文成绩单和学历学位证书翻译材料

随着高校学生出国深造、就业和高校国际化的不断发展，英文成绩单、英文学历学位证书等材料的需求也越来越多，现在大部分高校新设置的培养方案中专业、课程都包括了中英文名称，但大部分已毕业学生的培养方案和成绩单里面没有英文，对于学籍档案管理系统来说，提供中英文成绩单和翻译学历学位证书的功能是必不可少的。

学籍档案管理系统应具备出具本科生、研究生的中英文成绩单，以及毕业证书、学位证书、在读证明等翻译材料的功能，能够对系统中院系、专业、课程的中英文数据词典进行维护，支持学生通过微信公众平台或档案门户网站对要翻译的材料进行预约，可以对学生的在校证明、成绩单、毕业证书、学位证书进行英文翻译并打印或生成可信电子成绩单文件。

四、集成学位论文管理功能

学位论文是学生为获得学士、硕士或博士学位而撰写的研究报告或科学论文，大部分高校档案馆会长期保存学生的学位论文。学籍档案管理系统应当集成学位论文管理功能，实现馆藏学位论文和需要归档学位论文的管理，完整收集学生在校学习期间产生的所有记录。系统应具备学位论文信息输入、开题/答辩/评审表格图片输入（拍照、扫描及对已有资料的导入）、信息统计打印、光盘发布存档、优秀论文展示、论文归档、论文审批、论文提交、纸质论文管理等功能。系统应支持学生个人登录系统后自己提交本人学位论文信息，学生可以录入论文的基本信息、开题报告书、评审表、答辩记录表、论文原文等信息。提交完成后档案管理人员对学生提交的材料进行审核，对不合格的材料回复“材料不合格”的信息，学生可以实时了解到提交材料的状态，将合格的材料进行归档。系统应设置权限控制，使学生只能够看到自己的论文。

第四节 高校声像档案管理系统建设

声像档案管理系统和传统档案管理系统的所有功能相同，只是管理的对象是数字化的照片档案、影像档案和音频档案。声像档案管理系统应对图片、音频、视频等各类档案资源进行统一管理和智能存储，应遵循《录音录像档案管理规范》《录音录像档案数字化规范》《录音录像类电子档案元数据方案》《电子档案存储用可录类蓝光光盘（BD-R）技术要求和应用规范》等标准规范，针对声像档案资源提供数字化加工、内容采集、媒体转码、编辑处理、编目著录、存储归档、在线播放、检索利用、档案下载、公开发布等功能。

声像档案管理系统应支持图片、声音、视频等各类多媒体文件的导入，同时支持元数据文件的导入，避免二次著录编目，应当通过上传文件夹（照片、视频文件）或文件压缩包等方式来生成案卷目录和卷内目录，并且支持可修改目录和追加修改原文。在形成案卷时，系统应自动提取文件夹生成案卷目录的文件标题、形成日期、归档日期等信息，卷内目录的题名、形成日期则自动提取文件的名称和产生日期。

声像档案管理系统应实时对各种多媒体资源进行编目著录，支持对声像档案资源进行批量编目，支持照片档案 EXIF（Exchangeable Image File Format，可交换图像文件格式）图片元数据自动集成，以减少导入大量照片档案时的人工编目的工作量，同时需要支持同一目录照片、档案图片的连续快速编目。系统对声像档案资源编目必须遵循国家音像资料的编目原则和声像档案的著录规则，根据需要增加、修改、删除字段，支持节目、片段、场景、镜头四层编目体系，支持自定义编目层级、编目字段、编目结构、编目对象、编目界面等，同时也要满足用户对不同声像档案资源编目著录的自定义要求。

声像档案管理系统应当以件为管理单位，整理录音录像电子文件，整理结果应保持录音录像电子文件之间的内在有机联系。通过规范命名、著录等，建立录音录像电子文件与目录数据之间的一一对应关系，以便于利用和长期保存，应按录音录像文件记录的活动时间顺序排列录音录像文件记录载体，按照规则为其编号并标示。系统应提供图片、音频和视频在线浏览服务，支持全文、分类、关键字、组合查询等多种检索方式，提供面向视频、音频、文档、图片及资源内容的检索。系统应当采用流媒体技术支持视频在线点播，对不支持在线播放的音频视频提供编码格式转换；提供进度条，便于用户在线浏览时控制播放进度；提供声像档案资源导出功能，支持导出时内嵌水印，用户可以选择导出照片档案的某一部分和音视频档案的某一段，支持导出时提供编码格式转换功能。

声像档案管理系统可以和档案网站信息发布平台进行集成，将允许公开和需要发布的声像档案自动发布到网页上并进行在线播放。系统应整理可以公开的优秀课件、名人讲座、学术报告、学校重大活动录像、杰出校友展览、名人访谈等，并将其发布在档案信息系统和档案门户网站上，为广大学生和校友提供利用服务，充分发挥档案育人的作用。

第五节 高校档案数字化加工系统建设

档案数字化加工是数字档案馆建设的一个重要组成部分，主要是利用计算机、扫描设备、图像处理技术、音视频处理技术等信息技术将传统介质存储的各类档案进行数字化加工处理，转化为数字档案资源，用档案管理信息系统统一管理，方便档案资源的存储、管理和利用。经过多年的档案数字化加工进程，档案数字化加工系统现在已发展得较为成熟完善，档案管理系统中都配备了数字化加工功能，便于高校档案馆开展馆藏资源数字化加工工作。

因为加工传输处理的档案数据量较大，同时档案数字化加工系统主要部署于档案工作局域网，以保证数据安全，所以档案数字化加工系统一般采用 C/S（Client/Server，客户机/服务器）和 B/S 两种模式相结合的方式，主要包括数字化加工流程管理、作业流程控制管理、工作人员管理、档案数字化加工管理、批量格式转换管理、数据自动备份管理、工作情况查询统计管理、批量导入及导出等功能。纸质档案数字化包括档案扫描、图像处理、图像存储、目录建库、数据挂接等功能菜单，能接入扫描仪，在线实时扫描，在线图像处理并存储。声像档案数字化的功能和纸质档案数字化类似，只是纸质档案数字化存储的对象为图像文件，声像档案数字化存储的对象为声音、视频等多媒体文件，但数字化加工的流程是一致的。系统能有效管理各类音像档案、图片档案、录音档案等声像档案资源，参照文书档案管理要求和管理结构，对档案资源进行灵活的编目著录，实行数字化全流程管理，确保档案文件收集、整理、编研、查询及再利用，支持对声像档案资源的采集、上传，在线组卷、智能组卷，提供完善的统计功能。无论是什么类型的档案信息资源，系统都能实现数字化加工和流程化管理。

对于纸质档案的数字化加工，系统可以实现纸质文件的在线扫描、处理和上传，支持采用国际标准的 TWAIN（Technology Without An Interesting Name，这是一个软件和数码相机、扫描仪等图像输入设备之间的通信标准，目前市面上绝大部分扫描仪都支持该标准）接口驱动的扫描仪，支持直接连接扫描仪进行纸质档案的扫描上传，支持单/双面扫描，可以进行插入扫描、追加扫描、替换扫描及删除扫描，可以对扫描件进行编辑（自动消蓝、自动纠偏、自动去污、自动旋转、自动去黑边、自动裁剪、自动去噪点等），自动生成 TIFF、JPEG 和 PDF 文件（提供从 TIFF 自动转换为其他格式功能），提供众多的批量图像处理功能，支持文件名批量命名，支持文件名自动增长，可采用 FTP（File Transfer Protocol，文件传输协议）方式批量上传电子文件并批量自动挂接到对应的每一件档案。

OCR 识别功能是纸质档案数字化加工的必备功能，OCR 是采用光学的方式将纸质文档中的文字转换为黑白点阵的图像文件，并通过识别软件将图像中的文字转换成文本格式文件的技术。档案数字化加工系统可以借助 OCR 识别功能实现纸质档案的全文检索，从而提高档案资料的查全率和查准率。系统能够对多个文件进行批量 OCR 识别，支持单个文件、多文件夹（包含子文件夹）批量识别，支持识别过程中的自动纠偏、自动版面分析，支持中文简体、中文繁体、英文、日文等多语言的文字识别。

经过OCR识别后的数字档案资源是一个图像和文字混合的文件，大都使用双层PDF格式文件来进行存储，方便档案管理人员对其进行管理和利用。双层 PDF 格式文件是一种具有多层结构的 PDF 格式文件，是 PDF 文件衍生的一种文件，上层是原始图像，即用户浏览时看到的原文图像，下层是文字，用户可以选择文字进行复制、粘贴和全文检索等，上下两层位置一一对应。纸质档案经过数字化加工转换为双层 PDF 文件，在此基础上与档案系统中的目录和元数据挂接后，即可使用档案管理系统创建索引文件，并存入数据库，实现档案资源的全文检索。这样做有利于提高查全率和查准率，提高档案资源的利用价值。

照片档案的数字化加工方式与纸质档案高度相似，只是在扫描分辨率等方面需要设置更高的参数（一般不低于 600 dpi），以便更加真实地还原照片档案中的历史场景和人物特征。

录音录像档案的数字化加工方式也和纸质档案相似，只是加工的设备从扫描仪替换为放音机和视频采集卡等音视频采集设备。录音录像档案数字化加工系统同样需要考虑整个录音录像档案数字化工作的组织与管理，包含档案出库、数字化前处理、数据库建立、信息采集、音视频处理、数据挂接、数字化成果验收与移交、档案归还入库等过程。在录音录像档案数字化加工过程中，设置不同的音频采样频率和视频码率，会使保存为不同格式的数字化文件的容量相差很大，效果也会有很大的差别，而录音录像档案数字化要实现尽可能真实地反映录音录像档案内容和便利的网上传输、利用，因此就非常有必要生成不同格式的数字化文件，从而满足不同的需要。在录音录像档案数字化加工时，应该直接保存为高压缩率或不压缩格式的数字化文件，以便于长期保存录音录像数字化文件和再现原始录音录像档案的全部内容特征。在此基础上，通过数字化加工系统，可以将高压缩率或不压缩格式的数字化文件压缩转换处理生成低压缩率格式的数字化文件，以便于录音录像档案的快速传输和利用。

目前绝大部分高校档案馆对声像档案的管理，仅仅采用主题词等简单的文字说明来手工著录标引声像档案。随着“读图时代”的到来和新媒体的不断发展，海量的照片档案、音视频档案应运而生，声像档案管理成了当前档案管理工作的重中之重。高校档案馆收集的声像档案大多是会议合影、会议录音、会议视频等具有保存价值的照片、录音和视频档案，而档案管理人员需要对每一张图片、每一条录音，以及视频的人物、地点等关键词进行手工著录，工作量较大，而且因为档案管理人员不一定认识档案中的人物等信息，不能完整地对声像档案进行著录。在实际工作中，声像档案文字说明不够齐全，不能全面展示档案中的信息，“有图无真相”的情形越来越多，已难以满足档案精细化管理和查档用户日趋个性化的检索需求。

针对传统档案管理中对声像档案内容识别仅仅依靠著录的文字说明和部分声像档案文字著录不足等问题，档案数字化加工系统应充分结合现在的计算机视觉处理技术，运用深度学习网络模型和框架对声像档案中的图片、录音和视频的内容进行识别。通过特征提取与对比，根据声像档案数据集构建本地模型进行训练学习，对照片档案中的人物、场景、建筑和文字等信息进行自动提取，自动著录为文字说明；把音频内容自动转换为文字，对视频档案中的内容进行实时目标检测，把视频中的人物、场景、录音等自动提取转化为文字说明，实现对声像档案进行自定义分类。档案数字化加工系统还应对声像档案进行自动著录和内容挖掘，以解决传统声像档案管理中手工著录工作量大、效率低下且内容展示不足的问题。

在计算机视觉和互联网应用领域，对图片、音频和视频进行内容识别和目标检测历来是一个重要的研究领域。计算机视觉处理技术就是用计算机代替人眼实现对目标的识别、分类、跟踪和内容理解。自 1963 年美国计算机科学家拉里•罗伯茨利用计算机对物体图像的边缘和形状结构进行提取来尝试理解图像内容开始，计算机视觉技术就成为各个行业识别、检测和分类物体应用的重要工具。2012 年，杰弗里•辛顿团队使用卷积神经网络（Convolutional Neural Network，CNN）深度学习模型，顺利在 ImageNet 国际挑战赛中击败来自世界各地的高校和研究机构，把深度学习方法用于计算机视觉推向了一个又一个高潮。现在，人脸识别和指纹识别在安防领域、无人驾驶在交通行业、拍照购物等基于深度学习的计算机视觉技术在各行各业都得到了广泛推广和成功应用。

第六节 高校档案资源发布系统建设

满足用户需求是数字档案馆建设的出发点和最终归宿。数字档案馆要面向公众，以用户需求为导向，尽可能主动地提供数字档案资源。数字档案馆要利用各种方法对用户需求进行分析研究。目前，用户通过网络获取信息与知识的需求越来越迫切，这就要求数字档案馆要制定以用户为中心的策略，以满足用户的信息与知识需求为前提，全面开放。

高校档案资源发布系统应该审核档案管理系统中具有指定条件的档案信息和编研信息，按一定的展示格式发布（支持档案信息资源批量审核和批量发布），实现网上开放档案目录、全文的查询和检索，实现学籍档案等基本信息的网上查询利用，与档案网站相结合，实现网上档案借阅和浏览申请、借阅查询等功能，可将编研成果和可供公开的档案信息或政务公开信息等推送到校内外服务平台。系统应支持将档案信息发布到自助查询终端、触摸屏和微信公众平台等不同平台及设备，使用户能够自助查询自己需要的数字档案资源。系统应根据用户需求对不同内容的栏目、频道、子网站的页面和模板进行个性化定制，包含学籍档案查询、照片档案查询和声像档案查询等内容，达到根据档案资源内容决定展现方式的最佳视觉效果和最佳用户体验。对于档案资源网上展览这样的栏目，系统提供的主题模板应内容多样、形式丰富、管理方便，以方便档案管理员操作维护。系统应能整理组织档案目录和档案多媒体信息资料，将文字、照片、图形图像、语音、视频、虚拟现实场景等信息制作成电子出版物（如光盘等）对外发布，以满足用户对某一专题文件档案信息的需求，实现档案知识化管理。

为充分开发和保护馆藏特色资源，提高馆藏资源的利用率和使用价值，为高校学科建设和教学科研提供资源保障，高校档案馆应当根据自己学校的学科特色和馆藏资源特色，利用档案资源发布系统，把相关的馆藏档案资源整理建设为学科特色数据库、名师档案数据库、精品课程数据库、优秀论文数据库、名师讲座数据库和地方特色数据库等。

第五章 高校数字档案馆资源建设

数字档案资源种类众多，内容丰富。数字档案资源包含文书、声像（照片、录音、录像）、科技、专业等各门类电子档案，以及传统载体档案数字副本和数字资料等。若条件成熟，公务电子邮件、网页等门类的电子档案也应作为数字档案资源建设内容。电子档案是具有凭证、查考和保存价值并归档保存的电子文件。电子文件是指国家机构、社会组织或个人在履行其法定职责或处理事务过程中，通过计算机等电子设备形成、办理、传输和存储的数字格式的各种信息记录。电子文件由内容、结构和背景组成。高校数字档案馆资源建设主要包括电子文件接收归档、馆藏档案数字化加工转换、档案资源整理加工、建立各类专题资源库等工作。

为确保电子档案的真实、可靠、完整与可用，提升传统载体档案数字副本的法律认可度，高校应在数字档案馆资源建设过程中全程实施质量管理与控制，保证电子档案门类齐全完整、各门类下的电子档案齐全完整、关于同一项业务的往来电子档案齐全完整、一件电子档案的组件及构成要素齐全完整、纸质档案数字副本齐全完整、基本元数据齐全完整。同时，形成、收集并归档的电子文件及其元数据的收集、整理、编目、著录、格式、品质等应符合国家标准规范的要求，以确保数字档案资源质量符合档案管理的要求。

第一节 高校数字档案馆电子文件接收归档

随着数字校园建设工作的推进，以及办公自动化系统、教务管理系统、学生管理系统、科研管理系统和财务管理系统等业务系统的大量应用，电子文件不断产生，形成了大量具有保存价值的文书类、科技类电子文件，成为高校电子档案的重要组成部分。对于高校来说，电子文件的接收归档工作是档案资源建设工作的重中之重。

一、电子文件的形成、收集与整理

按照齐全完整的要求，以通用格式形成、收集电子文件，在归档前要完成电子文件的整理工作。实施方式是由办公自动化系统、教务管理系统、学生管理系统、科研管理系统和财务管理系统等业务系统，根据电子文件拟办人员或业务办理人员的注册信息、对保管期限表类目的选择等自动完成，或者由电子档案管理系统自动采集、整理完成，如归档网页、社交媒体电子文件即可由电子档案管理系统自动完成采集与整理。档案部门应争取在业务系统拟制、办理电子文件的过程中完成对电子文件的收集。声像类电子文件以及在单台计算机中经办公、绘图等应用软件形成的电子文件的收集，由电子文件形成部门基于电子档案管理系统或手工完成。在电子文件拟制、办理过程中采集文书、科技、专业等类别的电子文件元数据时，电子文件形成部门应齐全、完整地收集电子文件及其组件；电子文件内容信息应与其形成时保持一致；以公务电子邮件附件形式传输、交换的电子文件，应下载并收集、归入业务系统或存储于文件夹中。

电子文件的整理包括保管期限划分、分类、排列、命名、存储等业务活动。文书、专业、公务电子邮件、网页、社交媒体等门类电子文件的收集范围、整理规则应按照《归档文件整理规则》等标准执行，以件或卷为单位进行整理。科技类电子文件的收集、整理应按照《科学技术档案案卷构成的一般要求》《建设项目档案管理规范》等标准规范执行，并以卷为管理单位进行整理。电子文件及其组件的排列方式与纸质文件的排列方式相同，无论是以件为管理单位，还是以卷为管理单位进行整理，整理活动都应保持电子文件内在的有机联系，建立电子文件与元数据的关联。可以按照业务活动、往来电子文件形成时间等排列，排列完成后即可按照业务系统内置命名规则命名电子文件及其组件。电子文件形成部门应在拟制、办理或收集电子文件过程中，完成保管期限鉴定、分类、排序、命名、存储等整理活动，并同步完成会议记录、涉密文件等纸质文件的整理。声像类电子文件的整理由电子文件形成部门基于电子档案管理系统或手工完成，应在分类方案下按照业务活动、形成时间等关键字，对电子文件元数据、纸质文件目录数据进行同步排序。排序结果应保持电子文件、纸质文件之间的有机联系，按规则命名电子文件，命名规则应保持电子文件及其组件的内在有机联系与排列顺序。

二、电子文件的归档与编目著录

电子文件及其元数据的归档要基于由业务系统、归档接口、数字档案馆应用系统构成的技术通道完成。档案部门可在制度授权的基础上按照约定的方式与数据标准、接口标准等建立联系，由业务系统定期、自动将应归档电子文件及其元数据推送至中间池，或在电子文件形成部门确认后提交归档。捕获归档电子文件及其元数据，将其存入数字档案应用系统暂存库后，应生成电子档案真实性校验码，并自动完成电子文件及其元数据的清点、鉴定、登记、形成电子文件归档登记表（见表 5-1）等主要归档流程。具体来说，包括清点归档电子文件及其元数据的数量，确认归档电子文件及其元数据一一对应并正确挂接，鉴定格式规范性与可读性，形成电子文件归档登记表，等等。全部流程的完成标志着电子文件及其元数据被正式归档保存，形成电子档案。

表 5-1 电子文件归档登记表

单位名称	
归档时间	归档电子文件门类
归档电子文件数量	卷　件　张　分钟　字节
归档方式	□在线归档　□离线归档
检验项目	检验结果
载体外观检验	
病毒检验	
真实性检验	

续表

完整性检验	
可用性检验	
技术方法与相关软件说明 登记表、软件、说明资料检验	
电子文件形成或办理部门（签章） 年　月　日	档案部门（签章） 年　月　日

注：归档电子文件门类包括文书、科技、专业、声像、电子邮件、网页、社交媒体等。

电子档案的编目包括编制档号、著录，以及形成案卷级、文件及目录等业务活动。经业务系统形成并归档的电子文件，如果需要手工著录如题名、附件题名、责任者、分类类目名称等内容，应由文件拟办人员在拟办过程中以手工或半自动方式著录，档案管理人员只需要对著录内容予以审核、确认。档案管理人员应对电子档案与纸质档案进行同步整理审核、编制档号等编目活动，应对整理阶段划定的电子档案保管期限与分类结果进行审核和确认，对不合理或不准确的进行修正。档案管理人员应在整理审核基础上，对电子档案、纸质档案重新排序，并依据排序结果编制文件级档号，应采用文件级档号或唯一标识符作为要素为电子档案及其组件重命名，并同时更新相应的计算机文件名元数据。档案管理人员应按照《档案著录规则》以及《录音录像档案管理规范》的要求，对电子档案和纸质档案做进一步著录，规范、客观、准确地描述主题内容与形式特征。

完成整理编目后，高校档案馆应将电子档案及其元数据、纸质档案目录数据归入电子档案管理系统正式库，并参照档案馆的分类方案，按照各种分类，有序地存储电子档案及其组件。档号编制应按照《档号编制规则》等标准以及电子档案全程管理要求确定档号编制规则。

三、前端控制，业务系统配置电子文件归档功能

前端控制思想以文件生命周期理论为基础，强调对电子文件的归档控制应起始于电

子文件生命周期的开端，并贯穿于文件部门对电子文件管理的整个过程（见图 5-1）。在前端控制思想的指导下，原有的、属于档案管理阶段的管理环节要前移到电子文件的形成阶段，以便前期规划设计、按需要捕获和控制相关文件和信息，保存档案元数据，保证转化成档案的电子文件具有必要的背景信息，达到电子文件归档和作为档案长期保存的要求。在数字档案管理过程中，电子文件通过计算机进行处理和传输时，可以运用前端控制思想，为电子文件的增、删、改等行为加上标识，记录文件的背景信息（记录载体、加密等级和使用权限等）和元数据，从源头保证电子文件的原始性、真实性，保障电子文件信息安全，避免电子文件失真、失控、失踪现象的发生。

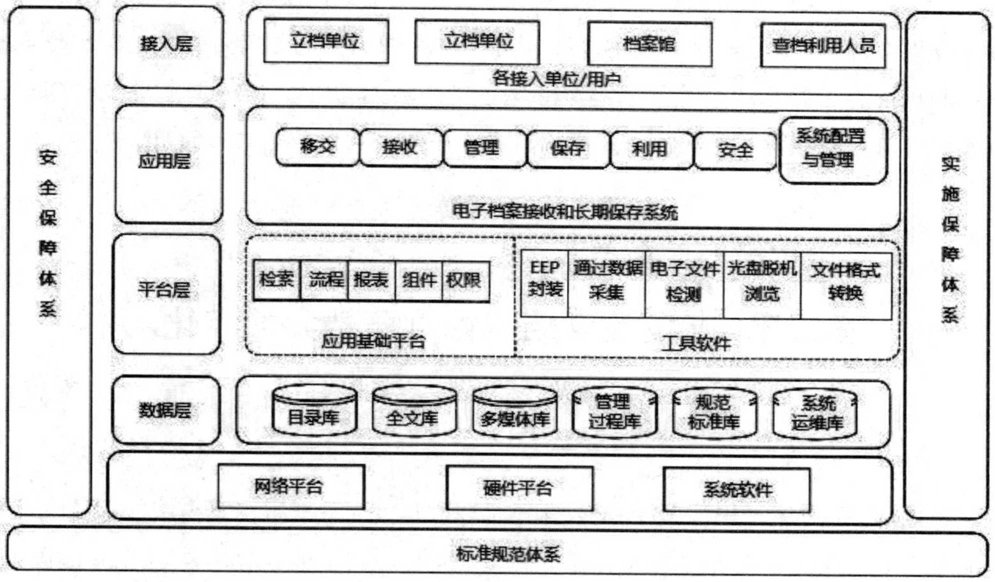

图 5-1 电子文件接收归档系统应用架构

业务系统进行电子文件归档的最大特点是必须依赖系统的电子文件归档能力（即电子文件管理功能）方能实现，因此业务系统的电子文件归档能力是数字档案资源建设顺利实施的关键所在。但是，缺少电子文件归档功能是目前业务系统普遍存在的问题，如不加以解决，将严重阻碍电子文件归档工作的顺利实施，造成政府投资的极大浪费。根据电子文件归档要求，解决上述问题的要点有两个方面：

第一，加强电子文件归档与电子档案管理制度建设。应建立健全电子文件归档与电子档案管理制度，明确职责与分工，对电子文件质量要求、归档范围、归档时间、归档方式、归档接口和归档程序等做出明确规定，为技术实现和具体业务实施提供保障。在职责分工方面，应由信息化部门和档案部门协同完成业务系统的电子文件归档功能设计、开发与实施工作。

第二，建设满足电子文件归档要求的业务系统。如果已经运行的业务系统缺少电子文件归档功能，应按照电子文件归档功能需求予以改造。业务系统的电子文件归档功能需求包括内嵌电子文件分类方案、保管期限表，支持在电子文件办理完毕前或业务流程结束前完成电子文件整理活动，以确保应归档电子文件被齐全完整地收集、存储；设置强制性功能确保文档及其附件的齐全完整；按照电子档案格式要求形成电子文件及其组件；自动采集电子文件基本元数据；具有关联往来的电子文件及其组件功能的命名规则，通过计算机文件名元数据在业务系统内、外建立电子文件（含组件）与其元数据之间的关联；归档前将带印章或亲笔签名笔迹的电子文件转为 OFD、PDF 等版式文件格式；业务流程中的纸质文件数字化；按归档接口要求生成归档数据包，提交归档。

第二节 高校数字档案馆纸质档案数字化

目前大部分高校档案馆馆藏档案载体还是以纸质为主，纸质档案占用的存储空间较大，保管成本较高，利用过程中容易发生磨损，并且不利于检索利用，难以满足用户日渐增长的对信息资源的档案服务需求。纸质档案数字化的目的是更好地保护档案原件，提高档案服务效率，方便档案管理人员和用户使用数字档案资源。与传统的档案服务模式相比，数字档案资源在档案检索（全文检索）、提供利用、保护原件方面有较大的优势。对馆藏档案进行数字化加工处理，有利于档案数据信息的传输，实现档案信息共享，在日常档案利用过程中使用档案数字化副本，有利于保护档案原件。开展远程档案利用后，“让数据多跑路，用户少跑腿”，有利于用户方便、快捷地查阅档案，使用 OCR 等技术可实现对档案的全文检索，有利于档案信息资源的深度开发利用，所以在今后较长一段时间，纸质档案数字化是高校数字档案资源建设的一个重要途径。将纸质档案转换为档案数字副本，导入数字档案馆应用系统保存、利用，能够以方便、快捷的方式为用户提供高水平的档案服务。

一、纸质档案数字化的原则

（一）标准规范性原则

标准规范性是开展档案数字化工作最基本的要求，也是确保档案数字信息可用性的基本条件。所有档案信息必须按照规定的技术模式、文件格式和工作标准进行数字化加工，并尽可能采用通用标准。档案数字化的目的是使档案信息资源准确、方便、快捷地提供利用，保护馆藏纸质档案资源，使可以公开的档案信息资源得到共享，以满足社会对档案利用和信息服务的需求。因此数字档案资源的存储与传递必须制定并采取通用的标准与规范，以避免因存储格式和软件平台的不同而不断转换，造成资源浪费和时间延误等问题，从而使得档案信息存储与传输的效率降低，最终导致共享失败。纸质档案数字化应遵循《文献档案资料数字化工作导则》《纸质档案数字化规范》《档案服务外包工作规范第 2 部分：档案数字化服务》《档案数字化光盘标识规范》《档案数字化外包安全管理规范》等标准规范的建议和要求，并根据高校档案馆的情况制定相应的技术规范和管理制度细则。

（二）安全性原则

安全是纸质档案数字化的前提条件。纸质档案数字化只有遵守国家有关安全保密、知识产权和个人隐私保护方面的法律法规，才能保证档案数字化的有效进行。档案数字化在给高校档案馆带来便利的同时，也带来不少安全隐患。高校档案馆在对馆藏档案进行数字化加工时，存在较大的安全风险隐患，必须采取相应措施有效降低安全风险。

在进行纸质档案数字化加工时，一些涉密档案、敏感档案最好不要进行数字化外包。高校档案馆在开展档案数字化外包时，必须构建符合学校实际情况的安全防护体系，采取相应的安全保护措施确保档案原件与档案信息的安全。高校档案馆应制定和落实安全管理体系，最大限度地避免因档案服务外包引起的档案实体受损，造成国家秘密、商业秘密和个人隐私被泄露。安全管理应坚持预防为主、全程监控的原则。

数字化承担单位应建立保密管理体系，确保客户的档案和其他信息不被非授权人接触或获知；应根据档案服务业务单元、项目的特点和需求，取得相应保密资质；应了解国家法律法规和相关方的要求，明确秘密事项的对象范围、秘密等级及其具体要求，并结合档案服务活动中涉及国家秘密、商业秘密和个人隐私的各个环节，制定保密制度，采取严格的保密措施；应对组织内部关键岗位实行保密安全责任制，确保保密措施的具体落实及泄密责任可追究；应与员工签订书面的保密协议（或保密承诺书），要求员工承诺在工作过程中不摘抄、删改、复制、泄露档案信息。数字化承担单位应在档案数字化加工场所安装视频监控系统，视频监控系统应覆盖档案数字化加工场所的出入口、档案存放区、信息存储区和工作区，实施全方位监控。视频监控系统一般由高校档案馆专人负责，由数字化承担单位负责的应接受高校档案馆的监管。视频监控数据自产生之日起保存不少于 6 个月，高校档案馆应定期对视频进行回放检查，在删除视频监控数据之前，要留存视频回放记录。高校档案馆应对交付的档案数字化加工的各种存储介质、视频监控数据及回放记录、工作人员变更记录等进行安全检查，对自带的各种硬件设备和软件系统进行检查，以确保其无信息留存。凡存有信息的在档案数字化外包服务验收后，须作清除信息的安全处理。高校档案馆应将自带设备的硬盘予以拆除，并将其与数字化加工过程中使用过的其他移动存储介质一并予以接收。

（三）适用性原则

高校档案馆对馆藏纸质档案的数字化加工工作不能盲目进行，要根据馆藏的实际情况，判定轻重缓急，统筹人财物多种资源，集中技术力量，制定切实可行的方案，有组织、有步骤、有序地分批实施纸质档案数字化加工工作。

在开展纸质档案数字化加工工作前，高校档案馆要对本馆的馆藏档案资源进行全面分析，全面掌握馆藏档案的全宗、类别、各类档案的具体数量（盒数、件数、页数）以及不同时期档案的数量和比例。高校档案馆的馆藏档案数量较大，而资金、人力资源相对有限，应根据不同时期、不同类别的档案进行利用需求及利用率的分析，采取馆藏珍贵档案优先、有重要保存价值和使用价值的档案优先、有特色的档案优先、利用率高和需求大的档案优先、编研资料优先等优先选择原则逐步开展馆藏档案数字化加工工作。对不同需求、不同类型的档案，应采取理论与技术相结合的方式，制定出相应的标准和规范的数字化方案，逐步建立具有本馆特色的数字档案资源库。

二、纸质档案数字化的组织管理

纸质档案数字化是一项庞大的系统工程，工作涉及档案、人员、数字化加工设备与技术等，最终的目的是建设高质量的数字档案资源库。纸质档案数字化工作需要高校档案馆投入大量的人力、物力和财力，同时需要对数字化的整个工作流程实施有效的组织和管理。

（一）组建数字化相关组织及人员

数字档案资源建设是信息社会发展的要求，是档案管理工作的一个重要内容。但在实际的建设过程中会出现因为管理不善或技术方面的问题而发生最后的档案资源建设不尽如人意的情况，还可能会出现不宜公开的档案信息被泄露、档案原件丢失或破损，以及档案信息被删除、篡改等安全问题。在档案数字化工作中，如何保障档案原件和档案信息的安全，如何控制档案数字化的质量以保证数字化成果与档案原件信息一致，就成了档案数字化工作中安全质量控制的主要内容。高校档案馆应建立纸质档案数字化工作组织，对档案数字化工作进行统筹规划、组织实施、协调管理、安全保障、技术保障、监督检查、成果验收等，确保档案数字化工作的顺利开展。

纸质档案数字化工作组织应制订纸质档案数字化工作的总体规划和年度计划，对整个工作实施有效的组织和协调，起草制定档案数字化过程中的各类规章制度、标准规范及实施细则，整理即将进行数字化加工的档案，确保质量达到要求，对档案数字化加工过程实施全程监管，对档案数字化加工成果进行质量检查，确保档案数字化工作的顺利实现。

高校档案馆应配备具有相关档案管理能力的工作人员，包括熟悉档案业务并具有较高的调查研究水平和良好的组织领导能力的管理人员，熟悉相关标准规范并能够为纸质档案数字化工作各环节提供技术支持的技术人员，掌握一定数字化基础知识并熟悉本职工作的操作人员，等等。高校档案馆应制定科学规范的管理制度，加强对档案工作人员的规范化管理，如开展数字化外包工作，为强化数字化工作的安全性，应加强对外聘工作人员的审核。

（二）配备基础设施

高校档案馆应为档案数字化加工工作配备专用加工场地，并进行合理布局，形成档案存放、档案著录、档案扫描、图像处理、质量检查等工作区域。加工场地的选择及温湿度等环境的控制应利于档案实体的保护。场地内应配备可覆盖全部场地的防火、防水、防有害生物、防盗报警、视频监控等安全管理的设施设备，安装消防系统、安防系统、视频监控系统等。制定严格的数字化工作场所人员出入制度，可加装门禁系统，严禁无关人员进入档案数字化加工场所。对数字化加工场所进行定期和不定期检查，发现问题及时解决，预防各类档案安全事故的发生。在配备专用的加工场地和安全设施的基础上，高校档案馆还应当合理规划、配备和管理纸质档案数字化设施设备，确保设施设备安全、先进，能够满足档案数字化加工工作的需要。

（三）制定工作方案和管理制度

高校档案馆应在充分调研的基础上，制定科学合理的工作方案，确保纸质档案数字化工作达到预期目标。纸质档案数字化工作方案应包括数字化对象、工作目标、工作内容、成本核算、数字化技术方法、主要技术指标、验收依据、人员安排、责任分工、进度安排和安全管理措施等内容。数字化对象的确定应综合考虑档案的珍贵程度、开放程度、利用率、亟待抢救程度、数字化资金情况等因素。高校档案馆应当将纸质档案数字化工作方案交由专家进一步论证，确保其合理、科学、规范，纸质档案数字化工作方案经审批后要严格执行。工作方案审批结果应与数字化工作过程中形成的其他文件一并保存。

高校档案馆应当制定科学化、规范化的管理制度，并在数字化工作过程中严格执行，以有效保障档案安全和纸质档案数字化成果质量。纸质档案数字化管理制度应包含岗位管理、人员管理、场地管理、设备管理、数据管理、档案实体管理等方面。岗位管理制度主要规定数字化工作中各岗位的工作目标和工作职责，形成明确的岗位业务流程规范、考核标准、奖惩方法等；人员管理制度主要对工作人员的安全责任和日常行为、外聘人员信息审核及管理、非工作人员来访登记等进行规范；场地管理制度主要对人员出入和工作场地内基础设施、环境、网络、监控设施、现场物品、证件等的管理进行规范；设备管理制度主要对数字化工作各环节涉及的全部设备的管理进行规范；数据管理制度主要对数字化工作各环节所产生的数据的管理进行规范；档案实体管理制度主要对档案实体在数字化过程中的交接、管理、存放等工作进行规范。

（四）数字化工作流程控制和文件管理

高校档案馆应依据相关的法律法规和各类技术标准，制定相关的工作流程和各环节操作规范等，对纸质档案数字化加工全过程进行有效的控制，确保档案数字化成果质量。纸质档案数字化加工流程包括档案出库、数字化前处理、档案扫描、图像处理、数据挂接、数字化成果验收与移交、档案入库。高校档案馆应加强对纸质档案数字化工作的全流程安全管理，应建立完善的问题反馈机制，对纸质档案数字化工作过程中后端环节发现前端环节中产生的问题进行及时反馈和修正。

高校档案馆应根据具体情况制定符合实际要求的纸质档案数字化工作文件，以此加强对纸质档案数字化工作的管理。高校档案馆要严格做好档案进出及各个工作流程的登记工作，确保每份档案的流向有记录。纸质档案数字化工作文件包括纸质档案数字化审批书、纸质档案数字化流程单、档案调档登记表、档案数字化前处理工作单、纸质档案扫描工作单、数字图像处理工作单、数据录入工作单、纸质档案数字化验收登记表、纸质档案数字化成果移交清单、数字档案信息存储备份登记表、档案入库登记表、项目验收报告等，以上表格可以是手工登记，也可以使用数字化加工系统生成报表记录。每张表格均需要标明日期、档号、目录、数量、页数等相关信息。采取外包方式时，还包括项目招标文件、投标文件、中标通知书、项目合同、保密协议等。高校档案馆应加强对纸质档案数字化工作文件的管理，明确数字化工作过程中形成的工作文件的整理、归档、移交等管理要求。

（五）档案数字化外包

档案数字化外包是指与自主（内部）加工相对的数字化加工方式，是高校档案馆选择可靠的数字化加工公司，公司提供相应的设备、人员、技术等，为高校档案馆提供数字化加工服务，高校档案馆只负责提供档案和最后的数据验收，其余工作均由档案数字化外包公司完成。纸质档案数字化采用业务外包形式，可以节省高校档案馆的人力，加快馆藏档案数字化工作进程。

在开展档案数字化外包工作前，高校档案馆应从公司性质、股东组成、安全保密、公司规模、注册资金情况等方面严格审查数字化加工公司的相关资质，按照《文献档案资料数字化工作导则》中的要求，评估数字化加工公司的具有数字化工作专业知识和能力的人员、技术、设备，以及该公司对数字化工作规则的了解程度、对数字化加工标准的熟悉程度等，从规章制度的建立健全程度等方面考核数字化加工公司的管理能力。在纸质档案数字化加工项目实施过程中，应依据《档案数字化外包安全管理规范》和《档案服务外包工作规范第 2 部分：档案数字化服务》等国家标准规范要求，从数字化场所、数字化加工设备、档案实体、数字化成果移交接收与设备处理等层面，执行严格的安全管理要求，同时高校档案馆应指派专门人员参与纸质档案数字化外包业务的监督、指导，完成质量监控、进度监控、投资监控、安全监控和协调沟通等方面的工作。

三、纸质档案数字化前处理

（一）档案交接出库

高校档案馆应按照纸质档案数字化工作方案确定的数字化对象，开展档案调取、清点、登记等前期准备工作，判定档案价值，剔除涉密文件，排除无须数字化和重复归档等情况，并提交档案出库申请，经相关责任人批准后，严格按照档案库房管理规定为数字化对象办理出库相关手续，清点无误后，对档案进行交接出库。

纸质档案数字化加工过程中，应设置距离数字化加工场所较近的保管库用以临时存放纸质档案，并对纸质档案的领取与归还进行严格管理，认真做好检查、清点、登记等工作，确保纸质档案的安全。

（二）拆装整理

高校档案馆应根据实际情况，按要求把需要扫描和不需要扫描的页面区分开，无关和重复的页面可以删除，原则上应将确定为数字化对象的纸质档案全部扫描，不宜进行挑扫，尽可能地让数字化成果与纸质档案相符，尊重档案原貌。确定扫描页后，应对没有页号或页号不正确的档案重新编制页号。重新编制页号时，应在同一位置书写页号，不得压盖档案内容。书写页号所使用的笔、墨等不应破坏档案原件或对档案长期保存造成影响。清点检查纸质档案时要逐件、逐页仔细检查，将破损页面、缺页等特殊情况进行登记。

应以对纸质档案的保护为原则确定是否拆除装订，对拆卷后难以复原的珍贵档案原件和有可能损坏的老档案，应和负责人明确是否拆除。如需拆除装订物，应注意保护档案不受损害，并对排列顺序不准确的档案重新排列。特殊装订且拆除装订后需要恢复的档案，在拆除装订物时应采用拍照等方式记录档案原貌，以便于恢复。目前按装订方式来分，档案可以分为两大类：一类是2001年以前以“立卷”方式整理的档案，“立卷”档案大都是按照三孔一线进行装订组卷；另一类是在2001年1月1日后，按照国家档案局颁发的行业标准《归档文件整理规则》的规定，以“不立卷”方法整理的档案，即每份文件装订后装盒，免去立卷、装订案卷等复杂环节，按“件”管理的档案。不论是“立卷”档案还是按“件”管理的档案，需要拆除的档案在数字化加工前就要拆除装订物，数字化工作完成后再装订还原。不能拆除的档案可以借助数码翻拍仪或平板扫描仪等设备逐页进行数字化加工，尽可能使数字化加工的文件与档案原貌相符。

纸张质量关系到数字化加工的效率及加工后档案的质量。破损严重或其他无法直接进行扫描的纸质档案，应先将档案交由专业技术人员修补，褶皱不平影响扫描质量的纸质档案应先进行压平等相应技术处理。

四、纸质档案数字化数据处理

（一）建立目录数据库

目前大部分高校档案馆均运用档案管理系统在局域网内开展立卷归档工作，数字化加工的档案大都在系统中有了文件目录数据，但还是可能存在部分档案文件目录与文件内容不符或部分档案文件目录缺失等问题。因此，高校档案馆或数字化加工公司应制定目录数据库数据规则，包括数据字段长度、字段类型、字段内容要求等，同时目录数据库数据规则的制定应符合《档案著录规则》的要求。在纸质档案目录准备与目录数据库建立工作中，均应严格遵守所制定的目录数据库数据规则。选择数据库时，应考虑转换为通用数据格式，以便于数据交换。数据库结构的设计应特别注意保持档案的内在联系，有利于纸质档案数字化成果的管理和利用。高校档案馆或数字化加工公司应对照档案原件内容，规范档案中的目录内容，将纸质档案数字化加工前对纸质档案目录进行修改、补充的结果录入数据库，形成准确、完整的目录数据。可采用计算机自动校对与人工校对相结合的方式，对目录数据的质量进行检查，包括著录项目的完整性、著录内容的规范性和准确性等，发现不合格的数据应及时进行修改。

（二）档案扫描

高校档案馆进行纸质档案数字化加工时应根据纸质档案原件实际情况、数字化目的、数字化规模、计算机网络和存储条件等选择相应的扫描设备，进行相关参数的设置和调整。参数的设置和调整应保证扫描后数字图像清晰、完整、不失真，图像效果最接近档案原貌。

档案数字化加工前扫描设备的选择，应特别注意对档案实体的保护，尽量采用对档案实体破坏性小的扫描设备进行数字化加工。A3、A4 幅面的文书档案可以使用高速扫描仪或平板扫描仪进行扫描，A2 及 A2 以上较大幅面的工程图纸和大幅面档案可以使用宽幅扫描仪，不能拆装的珍贵档案可以使用零边距扫描仪或数码翻拍仪等进行加工。对于超出所使用扫描仪扫描尺寸的档案可采用更大幅面扫描仪进行扫描，也可以采用小幅面扫描仪分幅扫描后进行图像拼接。分幅扫描时，相邻图像之间应留出足够的重叠尺寸，并且采用标板等方式明确说明分幅方法，若后期采用软件自动拼接的方式，重叠尺寸建议不小于单幅图像对应原件尺寸的 1/3。对于极其珍贵且尺寸不规则的档案，为方便直观显示原件大小，可采用标板、标尺等方式标识原件大小等信息。高校档案馆和数字化加工公司应遵循相关设备的使用规则，定期对设备进行维护、保养。

为最大限度保留档案原件信息，便于多种方式的利用，纸质档案宜全部采用彩色模式进行扫描。页面中有红头、印章或插有照片、彩色插图、多色彩文字等的档案，应采用彩色模式进行扫描。页面为黑白两色，并且字迹清晰、不带插图的档案，可采用黑白二值模式进行扫描。页面为黑白两色，但字迹清晰度差或带有插图的档案，可采用灰度模式进行扫描。

分辨率是扫描的主要技术指标，其单位为 dpi（dots per inch，每英寸点数），dpi 数值越大，得到的扫描图像越清晰。扫描分辨率的选择，应保证扫描后图像清晰、完整，并综合考虑数字图像后期利用方式等因素。进行纸质档案数字化加工时，扫描分辨率设置应不小于 200 dpi，若文字偏小、密集、清晰度较差时，建议扫描分辨率不小于 300 dpi，若有计算机输出缩微摄影（COM）、仿真复制、印刷出版等其他用途，可根据需要调整扫描分辨率。需要进行 COM 输出的档案，扫描分辨率建议不小于 300 dpi；需要进行高精度仿真复制的档案，扫描分辨率建议不小于 600 dpi；需要进行印刷出版的档案，可结合档案幅面、印刷出版幅面、印刷精度要求等选择合适的分辨率。

为便于档案的长期保存，纸质档案数字图像长期保存格式为 TIFF、JPEG 或 JPEG2000 等通用格式，图像压缩率的选择可根据实际应用的需求而定。纸质档案数字图像利用时，也可从网络浏览速度、易操作性、存储空间占用等方面进行综合考虑，将图像转换为 OFD、PDF 等其他格式。同一批档案应采用相同的存储格式，大部分高校档案馆选择 TIFF、JPEG、PDF 和 OFD 四种格式进行存储，TIFF 用于长期保存，后三种格式用于档案检索利用。在进行档案数字化加工时，应以档号为基础对数字图像命名，数字图像命名方式的选择应确保数字图像命名的唯一性。建议将数字图像存储为单页文件，并按档号与图像流水号的组合对数字图像命名。数字图像确需存储为多页文件时，可采用该档案的档号为图像命名。应科学建立纸质档案数字图像的存储路径，确保数据挂接的准确性。

（三）图像处理

将扫描图像与档案原件对照，如果出现图像模糊的情况应当重新加工，如果出现偏斜、黑点等问题，应当使用扫描仪自带的加工软件或档案管理系统对图像进行优化处理，力争和档案原貌一致。对分幅扫描形成的多幅数字图像，应进行拼接处理，合并为一个完整的图像，以保证数字图像的整体性，拼接时应确保拼接处平滑地融合，拼接后整幅图像无明显拼接痕迹。

扫描图像时如出现方向不正确等应进行旋转处理，对不符合阅读方向的数字图像应进行旋转 90 度或 180 度还原，对出现偏斜（如图像倾斜度大于 1 度）的图像应进行纠偏处理，以达到视觉上基本不感觉偏斜为准。扫描过程中如果出现黑点、黑线、黑框、黑边等因扫描产生的影响图像的杂质，应当使用扫描仪自带的加工软件或档案管理系统对其做去污处理。在整个去污处理过程中应遵循展现档案原貌的原则，处理过程中不得去除档案页面原有的纸张斑点、水渍、污点、装订孔等痕迹。采用以白色为底色的彩色模式扫描的图像，应对图像进行裁边处理，应在距页边最外延 2 mm～3 mm 处裁剪图像，去除多余的白边，尽量和档案原貌保持一致，这样能有效缩小图像文件的存储容量，优化存储空间。为方便后期实现档案的全文检索，还应当使用扫描软件或档案管理系统中的 OCR 功能对扫描图像进行字符识别，转换成对应的双层 PDF 文件或提取页面中的文字信息。

扫描完成后应及时对图像数据进行质量检查，对比档案原件进行页数检查、文件命名检查、偏斜度检查、清晰度检查等质量检查，同时应当对比档案文件目录进行内容检查，如果数字化加工后出现数字图像不完整、无法清晰识别图像或图像失真度较大时，应重新扫描。对于漏扫、重扫、多扫等情况，应及时纠正。数字图像的排列顺序与档案原件不一致时，应及时调整。对数字图像拼接、旋转及纠偏、裁边、去污等处理情况进行检查，发现不符合图像质量要求时，应重新进行图像处理。

五、纸质档案数字化后处理

（一）数据挂接

数据挂接是将经过质检的纸质档案数字图像，挂接到档案管理系统中，与档案文件目录数据库一一对应，实现目录数据与数字图像的关联，以便于档案管理者和利用者通过档案管理系统直接调阅档案全文。数据挂接应借助相关软件，对数据库中的目录数据和与其对应的纸质档案数字图像进行批量处理、批量挂接，以实现目录数据与数字图像的关联。

高校档案馆在对档案数字化项目验收前，应逐条检查挂接结果，包括目录数据与数字图像对应的准确性、已挂接数字图像与实际扫描数量的一致性、数字图像是否能正常打开等，发现错误要及时纠正。

（二）移交验收

高校档案馆应根据纸质档案数字化的组织加工方式，成立专门的验收组对纸质档案数字化成果进行验收，并采用计算机自动检验与人工检验相结合的方式对纸质档案数字化成果进行检验。

纸质档案数字化验收的内容包括纸质档案数字化成果和数据挂接验收。纸质档案数字化成果包括数字图像、档案目录数据元数据，以及数字化工作中产生的工作文件、存储载体等。其中，对数字图像进行验收主要包括数字化参数、存储路径、命名的准确性、图像的完整性、排列顺序的准确性、图像质量等。如委托了数字化加工公司进行档案文件目录著录加工服务，高校档案馆必须对目录数据进行验收，主要包括数据库中各条目的内容、格式等的准确程度以及必填项是否填写著录等。此外，还需要对元数据进行验收，主要包括元数据元素的完整性和赋值规范性等。

数据挂接是整个档案数字化加工过程中非常重要的一步，是对整个档案数字化加工工作的成果进行汇总，数据挂接的质量好坏直接关系着整体数字化工作质量的高低。为了防止人为出错，数据挂接一般都采用针对单个项目专门开发的专业挂接软件进行批量处理，挂接后的数据会再次使用专业检查软件进行核查，验收组还应当安排档案管理人员进行人工抽查，确保挂接的正确率为 100 %，确保后期档案检索利用的效率和质量。

验收组应对数据挂接进行验收，主要包括目录数据和与其对应的数字图像的挂接的准确性等；对工作文件进行验收，主要包括工作文件的完整性、规范性等，确保数据的可读性和准确性；对移动硬盘、光盘等存储载体进行验收，主要包括载体的可用性、有无病毒等。能够采用计算机自动检验的项目应采用计算机自动检验的方式进行 100 %检验，检验合格率应为 100 %。对于无法用计算机自动检验的项目，可根据情况以件或卷为单位采用抽检的方式进行人工检验，抽检比率不得低于 5 %，对于数据库条目与数字图像内容对应的准确性，抽检合格率应为 100 %，其他内容的抽检合格率应不低于 95 %。

验收组应根据每批档案的实际情况，按照不同的验收方式对纸质档案数字化成果的质量进行抽检和验收，每一批纸质档案数字化成果质量检验达到验收标准和完成数据挂接后，予以验收“通过”。验收未通过的数据应视情况进行重新加工处理，或修改后重新验收。验收完毕后要及时登记，相关人员签字确认。验收合格的数据应按照纸质档案数字化工作方案及时移交，并履行交接手续。高校档案馆接收数字化成果后应妥善进行数据管理，及时做好数据备份工作，确保档案数据的安全和长期保存。

（三）归还入库

纸质档案数字化工作完成后，对拆除装订物的档案要进行重新装订，恢复档案原貌。重新装订过程要耐心、细致，谨防缺页或页序颠倒等现象的发生，装订完成后要对档案的完整性进行检查，做到准确、无遗漏，同时在重新装订档案时要注重档案的安全，实施对档案的保护，尽量减少因二次装订对档案造成的破坏，对破损的卷皮和档案盒要及时更换，并分析破损的原因，解决问题，妥善保管档案，避免再次破损。档案装订还原后，高校档案馆应按照档案入库相关要求对纸质档案进行清点和处理，入库前要确保纸质档案的完整性，检查装订过程是否出错，如有错误应及时采取补救措施。清点确认无误后，高校档案馆和数字化加工公司可以进行档案移交工作，填写纸质档案数字化流程单并履行相关交接手续。高校档案馆在档案入库前应对纸质档案进行消毒、杀虫等保护处理，最后办理入库手续。

第三节 高校数字档案馆声像档案资源建设

高校声像档案承载着一个学校的集体记忆，不同于文书档案的呈现方式，声像档案不但保证了历史内容原汁原味，而且生动活泼、简洁直观。学校每一张泛黄的照片、每一个视频片段都可以把师生校友带回学校发展历程中的岁月。声像档案资源能够客观、形象地记录学校的发展历史，展现一些重大活动时间节点的真实面貌，是高校重要且珍贵的数字档案资源，整理编研后可以用于学校门户网站宣传，也可以制作或出版音像制品、打造陈列展等，可以通过生动、形象的方式介绍学校的发展历程，具有和其他门类档案互补且无可替代的作用。

高校照片档案资源是记录学校重要活动和重要工作成果的图像资料，主要包括重要领导和著名人物参加学校重大公务活动的照片、学校组织或参加重要活动的照片、记录学校重大事件和重要成果的照片等。高校档案馆对具有归档价值的照片，应当同文书档案一样要求，及时收集整理归档，对照片档案的管理应当遵循《照片档案管理规范》《数码照片归档与管理规范》《照片类电子档案元数据方案》等国家和档案行业的标准规范进行管理，制定符合档案馆实际的技术规范和管理制度细则，借助数字档案馆中的声像档案管理系统，把经过数字化处理的照片和数码照片集中起来，统一管理、安全存储，以便查阅利用。

录音录像档案资源以声音和影像的方式记录了学校的重要会议、外事活动、精品课程、讲座论坛等重要的教学科研管理活动，能完整生动地通过影像的方式反映学校的发展历程。随着网络和新媒体的飞速发展，数字期刊、数字报纸、电子书、短视频等被广泛用于宣传和记录学校的重大活动，随之产生了大量具有归档价值的音视频文件。高校档案馆应当对这些有归档价值的电子文件进行收集、存储、利用，录音电子文件一般收集 WAV、MP3、ACC 等通用音频格式，录像电子文件一般收集 MPG、MP4、FLV、AVI 等通用视频格式，对录音录像档案资源的管理，应当遵循《录音录像档案管理规范》等相关档案行业标准规范，把具有凭证、查考和保存价值的录音录像文件及其元数据系统整理出来，统一存档于档案馆。

现在待归档的声像电子文件大都由数字摄录设备拍摄或录制直接形成，不需要经过办公自动化系统内特定的业务办理流程，导出、保存极为方便。在现实中，数字摄录设备类型众多且使用简便，在活动现场等任何场景可随时生成声像电子文件，但由于缺乏流程控制，给归档工作带来了一定的困难。开展声像电子文件归档工作，首先要建立和完善电子文件归档管理制度，明确并落实声像电子文件形成部门的职责，并对技术和业务归档规则做出明确规定。声像电子文件的收集范围与整理要求参照《数码照片归档与管理规范》和《录音录像档案管理规范》执行。其次，声像电子文件归档前，应由摄录者或电子文件形成部门按照标准规范要求完成声像电子文件的收集、挑选、整理、简要著录和提交归档工作。这些工作可采用手工方式完成，也可依托声像档案管理系统以半自动化方式开展，归档程序参照业务系统形成的电子文件归档程序执行。

第四节 高校数字档案馆专题数据库建设

专题数据库建设是在现有馆藏档案资源的基础上，通过分析、筛选、整合，把某一特定专题的档案集中、有序、系统地组织在一起。高校档案馆应当根据自己学校的办学特点和馆藏资源特色，建立各种专题数据库，充分开发馆藏资源，为学校学科建设和教学科研管理提供支撑服务，进一步优化和发展馆藏档案资源，深化拓展档案用户服务，以满足信息时代用户多样化、个性化的信息需求，这也是档案馆自身生存与发展的需要。

高校档案馆可以依托馆藏某种特有的档案资源，建设古籍类、史料类或特种文献类数据库。一些高校办学历史悠久，古籍类、史料类等特种文献资源较多，这些珍贵的资源年代久远，具有很高的研究价值，而且部分资源脆弱易损，因此需要尽快地整理开发好这部分资源。这样既能对这部分珍稀资源进行保护和抢救，解决资源的保护与利用的矛盾和难题，又能提高资源的利用率和充分发挥资源的价值。

高校经过多年发展，每个学校都有自己的办学特色和办学定位，具有鲜明的特色学科专业。学校在围绕这些特色学科进行开发建设的过程中，也会产生大量的特色资源，这些特色资源最后都应归档至档案馆。高校档案馆应当抓住这个特点，针对这些特色学科、重点学科开发建设相关的馆藏资源。同时根据这个特点开展相关资源的征集工作，收集整理各类师生著作、论文、文集、获奖情况、科研成果、学位论文、教学课件、讲座论坛和学校出版的各种刊物等，力争把这个特色的资源建设为一个内容丰富、资源齐全的数据库，充分展示学校教学科研的成果。这样既能够充分展现学校教学科研水平、学科优势、学术特点、研究实力与发展情况，展示师生的成就与风采，进一步宣传学校学科特色，也能让资源服务于学校重点特色学科，“彰前贤，励后学”，充分发挥档案“存史、留凭、资政、育人”的作用，进一步促进学校学术交流与学术繁荣。

第六章 高校数字档案馆运维体系建设

第一节 高校数字档案馆运维概述

现代档案管理信息系统是高校数字档案馆建设的重中之重，也是其构成的核心要素。在档案管理信息系统的整个生命周期中，系统建设阶段只是其中的一小部分，而运行阶段则占据了档案管理信息系统生命周期的大部分时间，信息系统的运行又与维护相生相伴、不可分离。因此，业界常说信息系统是“三分建设，七分维护”，这足以见得运维体系建设在高校数字档案馆建设发展中的重要性。

当前，大部分高校都建设了独立建制的实体档案馆，也基本建成了数字档案馆的雏形，有些高校的数字档案馆已具备较为完整的功能体系。可以说，高校数字档案馆已从致力于现代档案管理信息系统建设阶段进入了信息系统建设与运行维护并重的新阶段。高校应从提高用户服务质量、满足档案资源创新利用的目标出发，树立运维理念并坚定执行，以梳理数字档案馆运维主要任务和完善数字档案馆运维体系建设为突破口，全面提高数字档案馆运维服务的质量和水平，进一步保障数字档案馆高效、安全、稳定运行。

一、数字档案馆运维理念

从信息系统的角度来看，运维呈现出以下几个方面的发展趋势，分别是运维需求多样化、运维对象复杂化、运维模式集中化、运维队伍专业化、运维工作流程化、运维手段系统化和资金预算科学化等。系统运维应该牢固树立“从技术支持向业务服务转变、加强主动检修维护、消除设备单点故障、提供‘一站式’服务”等运维管理理念。高校数字档案馆只有牢固树立上述运维理念，才能为档案资源创新利用及用户服务奠定坚实可靠的信息化基础。

二、数字档案馆运维目标

从高校数字档案馆投入使用，甚至从某一个档案管理新系统上线运行开始，对系统进行管理和维护就成了高校数字档案馆管理工作的主要任务。高校数字档案馆运维的目标就是在“变事后处理为事前预防”运维管理理念的指导下，有效收集、整理、加工、分类、存储和利用各类档案资源，建立并完善档案管理服务体系和机制，确保各类数字档案资源能够准确、高效、稳定、持续地为用户提供服务。具体来讲，高校数字档案馆的运维目标是对档案管理信息系统的运行进行实时监控，记录其运行状态，并进行必要的修改、扩充和升级，以便使档案管理信息系统真正能够满足档案资源收集、加工、管理和利用等的实际需求，从而不断提升数字档案资源的用户服务质量。

三、数字档案馆运维原则

（一）统一性原则

数字档案馆运维应当坚持统一领导，避免多头指挥；应当建立统一的运维体系，制定统一的运维流程和标准，避免因工作人员变动而导致运维流程和标准发生改变。

（二）可靠性原则

必须确保数字档案馆的正常运行以及各项职能的正常履行，档案资源能够随时为满足条件的用户提供利用服务；另外需要加强档案信息系统自动监控和人工巡检，确保档案信息系统在规定服务时间内不间断运行。

（三）便捷性原则

相关制度设计以及流程设计应该充分考虑数字档案馆运维的便捷性和可操作性，也应当明确各个运维环节的职责，制定相应的规范化工作流程。

（四）高效性原则

数字档案馆运维不仅要考虑运维质量，也要考虑运维效率，确保在合理的时间内完成重要运维环节的工作。对用户提出的问题要及时受理并给予反馈，提高响应速度。

（五）经济性原则

完善运维体系，合理部署运维资源，重视人力资源的利用效益和信息系统的运行效率，持续提升档案资源系统的鲁棒性，少出故障，降低运维成本。

四、提升运维质量的方法

运维质量对延长信息系统的生命周期具有决定性意义，要想提高数字档案馆运维质量，高校可从以下几个方面着手：

第一，遵循数字档案馆运维的一般原则。

第二，建立明确的服务质量目标和优先级。

第三，使用业界比较成熟的档案管理信息系统。

第四，持续改进数字档案馆运维的具体流程。

第五，建立科学的数字档案馆运维考核体系。

为提升数字档案馆运维效率和运维质量，降低运维成本，节省人力资源的运维开支，高校有必要从上述五个方面进行梳理，分析存在的问题及其成因，为提升数字档案馆运维质量奠定基础。

第二节 高校数字档案馆运维的主要任务

从本质上讲，数字档案馆仍然是档案馆，并没有超越传统档案馆的职能。但从存在形式和实现方式方面来看，现代档案管理信息系统几乎就是数字档案馆的全部。因此，高校数字档案馆运维体系建设的主要内容包括两个方面：一是数字档案馆建设中形成的各种信息系统，二是承载这些信息系统正常运行的基础设施。

一、基础设施运行维护

数字档案馆基础设施主要包括网络通信线路、路由器、交换机等网络设备，也包括服务器、存储、备份等计算机硬件设备，以及上述设备部署安置的环境设施。基础设施作为数字档案馆运行的基础，需要保持不间断的良好运行状态，因此基础设施运维需要强调运维人员的主动意识，进行基础设施运行状态检查和维护。

（一）网络设施运维

高校数字档案馆网络设施主要包括保证信息系统内部、信息系统与外部连接的网络及网络设备，包括内部局域网、互联网、网络线路、路由器、交换机、入侵检测设备、负载均衡设备、各层交换机以及网络线路、机柜、配线架等，也包括数字档案资源音视频采集加工设备、终端设备及其他相关设备。

高校数字档案馆网络设施运维的工作内容主要包括网络设备的软硬件日常维护、数据配置、现场巡检、故障响应与处理等；网络安全和信息安全的应急响应处理；网络和安全类配置变更及具体实施工作；定期对网络和安全设备的运行状况、各类资源的能力和使用状况、日常维护操作以及网络安全事件处理进行统计分析和评估，形成质量分析报告；相关数字化项目的支撑服务和维护工作；监测网络线路状态和运行性能，发现问题后及时与网络信息中心联系，并配合做好网络线路恢复工作；定期检查音视频采集加工设备、终端设备及其他相关设备的性能和状态。

这些设备的管理维护要做到“日常维护要勤，发现问题要准，处理问题要快，更改配置要细，更改前要备份，更改后要存档”。尤为重要的是，在网络维护和更改配置后要填写相应的变更登记表并存档，这是后续检查、维护工作的基础，对后续维护工作具有重要意义。

（二）服务器和存储系统运维

为确保数字档案馆服务器设备的稳定运行，应从多个方面对服务器的硬件设备及操作系统进行监控管理和性能管理。高校数字档案馆服务器运维的内容主要是对服务器电源、主板、CPU、内存、硬盘、控制器、网卡等部件进行检测，需要借助相关检测软件对服务器的电源、主板、CPU、内存、硬盘、网卡等硬件的关键运行参数进行分析，同时检测软件和应用程序的进程、服务、端口等的运行状态，并对系统日志进行分类扫描。

存储系统维护能够在一定程度上节省数字档案馆在硬件设备和软件设备上的投资，保证系统连续、稳定、高效运行。高校首先要定期对存储系统进行预防性健康检查，包括硬件设备的检查、清尘、调整和损坏件更换，运行环境及硬件配置的检查，以及对系统日志的检查和分析。其次，应根据系统的报错信息，及时发现存储系统存在的潜在问题，尽早采取相关措施，排除故障隐患和安全漏洞。最后，要定期进行性能检测和调整优化，确保系统性能良好，必要时对存储系统进行扩容，以保证存储系统持续处于良好工作状态。运维人员需要定期巡检，并记录数字档案馆各服务器和存储设备的运行状况，有问题及时处理。

（三）环境场所运维

高校数字档案馆环境场所运维的主要内容包括对数据中心机房、机房供配电系统、机房 UPS 系统、机房空调系统、机房弱电系统、机房消防系统等进行检测，维持机房安全正常运转，确保机房环境满足档案信息系统所需的各类设施设备的正常运行。其中，机房电源系统、空调系统和消防系统的定期维护尤为重要。电源系统维护能够为机房内各种设备提供合适的电压和足够的功率，空调系统则为机房内设备正常运行提供所需的温度和湿度，消防系统则用来保证机房内设备和数据在发生灾难时的安全。

数字档案馆设立数据中心机房的目的主要包括两个方面：一是给各类设备创造良好的运行环境，保护计算机设备；二是防止非授权人员进入机房，保护机房内设备及相关系统和数据的安全。机房日常运维内容主要包括对进入机房人员的资格审查、机房环境打扫、温湿度监测、机房进出物料管理及机房内人员行为管理等。另外，专用机房需要建立一套严格的管理制度，正式发文并张贴在机房门口。环境场所运维人员要熟悉相关设备和系统的具体安装位置，同时熟悉维护保养和使用方法，需要定期对环境场所的主要设备进行巡查和状态记录。

二、数字档案馆软件系统运维

（一）操作系统运维

操作系统运维主要是对数字档案馆服务器端操作系统的运行维护。运维的主要内容包括操作系统补丁管理，操作系统的日志文件系统、日志、网络接口、磁盘输入输出等监控管理，操作系统优化和系统故障排查，等等。操作系统维护时需要考虑对应用系统运行的影响、对当前工作进度的影响、对系统其他部分的影响等因素；还要考虑资源要求，主要包括对维护提出的时间要求、维护所需费用，以及维护所需的工作人员等。

（二）数据库运维

数据库运维是指对档案资源服务器端的各类数据库进行运行检查和维护，可通过检测数据库的关键参数来达到监控的目的。运维的主要内容包括数据库恢复与备份、保护数据库系统设计的文件存储空间、检测系统资源的使用率、查看数据库当前的各种数据资源情况、检测数据库进程状态，以及进程所占用的内存空间、数据库补丁管理、数据库参数调整、数据库健康检查及性能优化和故障排查等。高校数字档案馆数据库运维时需要相关人员填写数据库检查记录表、数据库变更申请表等表格，并妥善保管。

（三）数据备份管理

在数据和信息方面，需要对备份、存档、整理和更新等工作进行日常维护。为保证数字档案数据安全可靠，需要对更正或新增的内容进行备份。除原始数据，一般还要有两个以上的备份，并以单双方式轮流制作，以防被损坏的原始数据冲掉上次的备份。原始数据和备份应分别存储在不同的磁盘或其他存储介质上。数据备份应借助备份软件来完成，备份软件是系统运维不可或缺的重要工具，主要用于操作系统备份、重要文件系统备份、数据库备份等。备份软件管理包括监控和检查备份作业、排查故障，以及定期对备份数据进行恢复测试等。

（四）数字档案馆门户网站运维

门户网站是数字档案馆对外服务的主要窗口，需要定期或不定期地更新内容，才能不断地吸引更多的用户浏览，不断提高服务质量。数字档案馆门户网站运维的主要内容包括以下几个方面：

一是对承载门户网站运行的服务器及相关软硬件的维护，对可能出现的问题进行评估，制定响应时间；

二是对门户网站数据库的维护，能够有效地利用数据库是网站维护的主要目的，因此要重视数据库的维护；

三是对门户网站相关内容的及时更新和调整；

四是对门户网站运维相关规定的制定，将网站维护制度化、规范化；

五是对门户网站的安全管理，防止黑客入侵网站，检查网站的各个功能及链接是否存在错误，同时还需要及时检测门户网站系统的工作状况，门户网站各版块内容更新应由专人负责。

（五）各类档案管理系统运维

高校数字档案馆档案管理系统运维主要是对电子档案管理系统、学籍档案管理系统、声像档案管理系统、档案数字化加工系统、档案资源发布系统等信息系统的运维。这些系统的运维除了要求运维人员具备必要的信息系统相关技术能力，还需要具备相关业务知识和档案管理知识。工作内容主要包括维护各类档案系统的运行环境，向线上用户和现场用户提供操作指导；处理用户提出的服务请求，及时向用户提供解决方案，运维人员不能解决的问题逐级上报并向档案系统供应商寻求帮助；定期向高校各部门专职档案人员提供相关业务流程及系统操作方面的培训，持续开展档案管理系统业务推广工作；根据授权向高校各部门专职档案人员定义操作权限，对不再承担部门档案业务的人员要及时收回权限；收集、筛选和协调相关业务需求，通过完善维护扩展系统功能，规范优化档案业务工作。另外，需要重视档案管理信息系统本身的运维工作，如定期检测健康度、防病毒查杀，以及程序维护、代码维护和数据文件维护等工作。

第三节 高校数字档案馆运维体系建设

运维体系建设是高校数字档案馆得以顺利运行、有效发挥职能与功能的重要保障，其中相关组织体系、制度体系、流程体系、技术支撑体系和绩效考核体系建设是重点内容。高校数字档案馆运维体系建设可借鉴企业信息化运维体系的架构，图 6-1 是在企业信息化运维体系架构基础上修改完善的高校数字档案馆运维体系框架。

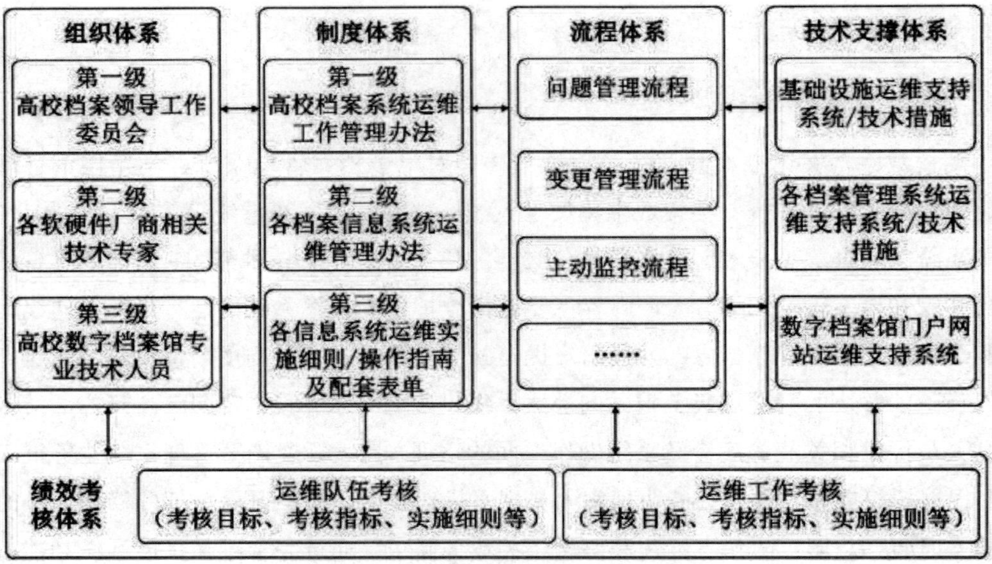

图 6-1 高校数字档案馆运维体系框架

一、运维组织体系

高校数字档案馆运维组织体系由三个层次构成：第一层次主体是高校档案领导小组或工作委员会，负责运维方面的重要决策问题，如经费投入、档案部门中层管理人员配备，重大运维项目确定等；第二层次主体是数字档案馆软硬件厂商相关技术专家，主要负责解决高校数字档案馆运维中的重大技术难题；第三层次主体是高校数字档案馆专业技术人员，他们是高校数字档案馆运维的一线人员，负责运维的具体实施工作。运维组织体系各层次人员分工不同，各司其职，为高校数字档案馆健康发展提供坚实的组织保障。

二、运维制度体系

高校数字档案馆运维的制度体系由“高校档案系统运维工作管理办法”“各档案信息系统运维管理办法”“各信息系统运维实施细则或操作指南及其配套表单”三个层次组成。其中，“高校档案系统运维工作管理办法”是指导数字档案馆运维工作的总则和纲领，是运维工作的原则性规定，涵盖数字档案馆运维管理的全过程，包括运维组织、年度运维计划审批、运维事件处理、系统升级与信息安全保障及运维考核等内容，未经高校档案领导小组或工作委员会审批同意不得更改其内容；“各档案信息系统运维管理办法”是根据运维工作的实际情况和管理需要，针对档案信息系统而确立的具体管理措施，如电子档案管理系统运维管理办法、声像档案管理系统运维管理办法、学籍档案管理系统运维管理办法等，主要内容包括明确系统管理部门的职责、规定业务部门的工作任务及其职责、规定档案信息资源上传及归档等方面的要求、明确相关的考核和奖惩事项等；“各资源系统运维实施细则或操作指南及其配套表单”则是规定具体实施过程中的操作规程、处理细节和注意事项等，是操作层面的运维规定，实际上是各种运维过程中使用的记录表单和变更申请表单等，是在各系统管理办法的基础上所做出的细化准则和指南性操作规程，因此有些高校数字档案馆并未将这两部分内容相区分，而是合并为一个管理办法。

三、运维流程体系

运维流程体系覆盖高校数字档案馆运维的全过程和各方面，运维流程体系建设和完善是高校数字档案馆运维工作的重要内容和基本保障，主要包括问题管理流程、变更管理流程、主动监控流程等多种流程。问题管理流程是解决信息系统运行过程中系统发生或用户提出的问题，为尽快恢复被中断或受到影响的信息系统而建立的管理流程。首先，高校数字档案馆专业技术人员针对用户提出的问题或主动发现的问题，若能够直接解决则解决或将解决方案反馈给用户；若不能解决，则请求数字档案馆软硬件厂商的相关技术专家提供支持和帮助；若仍得不到解决，则将问题提交至高校档案领导小组或工作委员会，此时的问题一般是影响全局的重大问题，需要档案领导小组组织协调各方力量和资源，制定专门的解决方案。

变更管理流程是对变更作业的申请、审批和实施的管理流程，需要采用标准化的方法和步骤，管理和控制所有对数字档案馆各信息系统运行产生重要影响的变更。通过变更管理流程，可以有效管理和控制用户变更需求，尽可能减少变更不当或实施准备不充分等原因对信息系统产生的影响，以维护系统的完整性。主动监控流程则是高校数字档案馆专业技术人员定期对数字档案馆各系统运行情况进行监控，以便及时发现问题，避免系统运行中断等突发事件，从而有效降低系统风险。

四、技术支撑体系

技术支撑体系对系统运维具有重要作用，是具体落实制度体系和流程体系的前提。高校数字档案馆应当健全技术设施和运维工具，杜绝系统单点故障，加快建设自动化、智能化的运维技术支撑体系，加强系统例行维护，保证系统高效、安全、稳定运行，从而保障业务工作和用户服务的连续性。从目前的发展情况来看，高校数字档案馆很少建设专门的技术支撑体系，但随着信息技术的不断发展，智慧档案馆建设的现实需求进一步明确，以及数字档案馆运维的技术支撑需求进一步增强，技术支撑体系建设必将成为高校数字档案馆建设的重要组成部分。

五、绩效考核体系

数字档案馆运维绩效考核体系包括运维队伍绩效考核和运维工作绩效考核两个方面，并且是档案馆工作综合绩效考核的重要组成部分。实施运维绩效考核能够有效加强和规范数字档案馆运维队伍建设与管理，不断提高运维人员的专业能力及服务质量。

运维队伍绩效考核的主要内容包括人员配备到岗率、专业人员胜任能力、工作任务完成率、工作质量和服务态度、用户满意度等。

高校数字档案馆运维工作绩效考核由高校档案领导小组或档案馆自主负责实施，主要考核指标包括有无服务级别协议、服务工作实际满足承诺的服务条款的兑现率、各档案信息系统平均无故障率、问题和事件处理效率和效果、数字档案资源用户满意度等。

运维绩效考核时应当充分考虑运维人员的自我评价，将运维人员的自我考核与高校数字档案馆的综合考核加权后得出综合绩效考核结果。数字档案馆运维队伍的绩效考核应根据学校的统一安排，纳入部门年度考核体系，每年至少开展一次。考核结果应当作为对运维人员工作检查、评优评先、表彰奖励、职称评定，以及提拔任用的重要参考依据。

第七章 高校数字档案馆建设绩效评价

数字档案馆建设对高校教育信息化发展具有重要作用，但与高校管理信息化、教学信息化相比，数字档案馆在促进高等教育改革创新和提高教学质量等高校高度关注的领域中的显性作用明显不足，数字档案馆建设一度被边缘化，因此其绩效评价也并未得到高校的足够重视。现有高校数字档案馆绩效评价及其研究，大多是从某一个特定方面开展的对建设水平、建设结果及其服务的鉴定式评价，并且都是囿于“管理”视角下进行的评价研究，对确保数字档案馆建设达到期望水平的“治理绩效”评价多有忽视。

本章通过简要梳理绩效、绩效评价等核心概念，在明确数字档案馆绩效评价及其指标体系构建原则及一般程序的基础上，针对高校数字档案馆绩效评价存在的问题，采用合适的方法构建高校数字档案馆综合绩效评价指标体系，最后选择具有典型性和代表性的某高校案例对本章所构建的指标体系及其实施过程进行了案例分析。

构建科学的高校数字档案馆综合绩效评价指标体系，既有利于丰富高校数字档案馆绩效评价的内涵，规避鉴定式“事后评价”的缺陷，也有利于促进高校数字档案馆治理体系建设，进而保障高校数字档案馆健康有序发展。

第一节 高校数字档案馆绩效评价概述

一、绩效与绩效评价

（一）绩效

20 世纪 90 年代以后，随着我国管理学的不断发展和成熟，以及英文“performance”内涵在项目管理、人力资源和组织管理研究与实践中的广泛应用，“绩效”一词逐渐在国内流行起来。直到目前，“绩效”一词也尚未形成具有普遍性和统一标准的定义，不同学科对绩效的内涵认知不尽相同。心理学认为绩效是与内在心理相对的外部行为表现；在绩效技术领域，绩效不仅包括行为过程，同时还强调行为结果；管理学认为绩效是指组织为实现特定目标而期望达到的结果，一般分为个人绩效和组织绩效。在组织绩效管理中，“绩效”一词通常包含三层意思：经济（economy）、效率（efficiency）和效果（effectiveness）。经济指以最低可能成本，供应或采购维持既定品质的服务，它关心的是投入数量，而并不关注其产出与服务品质；效率是指投入和产出比例，通常包括提供一定水准的服务、活动的执行、每项服务的单位成本等；效果是指实现目标的程度，通常用产出与结果之间的关系来衡量，它只关心目标或结果。有学者综合各种观点，认为绩效包括“行为”和“价值”两个方面的含义，行为是人们做事并完成某事的过程，而价值是期望的成效或有价值的结果。于是他们将绩效界定为与组织总体目标及价值追求相一致的行为倾向和业绩成就。

综上所述，“绩效”一词在不同领域具有不同的含义。就高校数字档案馆绩效评价中的这一类绩效而言，它的定义是“组织为了实现特定目标，投入相应成本和付出一定代价之后，期望达到或已经达到的结果，这种结果是效率、效益和效果的综合体”。首先，这里的绩效是组织绩效，与组织的总体目标和价值追求要相统一，也是组织行为的期望或结果，而且这里的绩效也是一种综合绩效，而不是某个核心人物的个人绩效；其次，绩效不仅强调投入和代价，也强调产出，要在投入与产出之间找到评价和测量的平衡点，而不是一味地追求产出而忽视投入，也不是只管投入而不关心产出的品质；再次，绩效必须是对效率、效益和效果的综合考量，而不能忽视其中的任何一个方面，否则就会导致评价活动最终走向形式主义的怪圈；最后，绩效可以是事前的期望，也可以是事后的结果。

（二）绩效评价

“绩效评价”对应的英文翻译有多个版本，最常用的是 Performance evaluation，也可以翻译为 Performance review、Performance appraisal 和 Performance assessment 等。就具体含义而言，目前最常见的用法主要聚焦在两个层面；一是认为绩效评价是一种活动和过程，另一种则认为绩效评价应当是定期考察工作业绩的制度安排。实际上这两个层面的认识并不冲突，而是一个有机的整体。在实践中应当既强调绩效评价的制度性，又强调绩效评价的活动过程及其科学性。

绩效评价是一个内涵极其丰富的概念，从不同的视角可以将其划分为不同的类型。从评价活动介入的时间来看，可以将绩效评价划分为事前评价、事中评价和事后评价；从评价的性质来看，可以将绩效评价划分为阶段性评价、一次性评价、项目评价等；从评价内容或评价侧重来看，可以将绩效评价划分为条件建设评价、建设绩效评价、应用绩效评价、治理绩效评价、综合绩效评价等；从评价主体的角度来看，可以将绩效评价划分为外部专家评价、内部评价、用户评价和自我评价等。除此之外，还可以从评价目的、评价方法等角度对绩效评价进行分类，不一而足。从评价功能来看，绩效评价可以作为组织控制的手段、管理决策的依据、人力资源开发的途径、绩效改进的动力，具有强大的反馈、控制、激励和开发功能。

当前的绩效评价研究和实践往往在“管理”视角下开展，对确保数字档案馆建设达到期望水平的“治理绩效”评价多有忽视；同时也把重点放在某一个特定方面，而对综合绩效评价的关注不够，这使得评价功能的发挥大打折扣。根据现有研究成果，综合绩效评价在数字档案馆建设中的功能可以归纳为以下六个方面：

1.计划辅助功能

组织目标的确定及实施计划的制订都需要多方面的信息提供决策参考，其中前期的绩效状况及其评价结果具有重要的参考价值。本阶段的绩效评价又为下一阶段确定组织目标、制订相关计划提供重要信息，因此综合绩效评价具有计划辅助功能。

2.决策支持功能

绩效评价的目的不仅在于衡量组织在某一方面取得的业绩，同时也在于为后续决策提供支持，资源分配、人员配备、战略调整等多方面的决策都依赖上一阶段绩效评价的结果，因此决策支持是综合绩效评价不容忽视的重要功能。

3.资源优化配置功能

资源优化配置是组织管理的重要职能，而绩效评价则是科学优化配置资源的基础，只有明确组织在某一阶段的真实绩效状况，才能避免组织资源配置的随意性、盲目性和主观性，才能实现组织资源最优配置效益。

4.监督控制功能

组织工作离不开有效管理，管理工作必须对工作实施和执行情况进行有效监督，以便及时发现目标偏离情况并采取控制措施，绩效评价结果为有效监督控制提供了重要信息，从而避免计划背离或目标偏离的情况发生。

5.自我导向功能

结合组织内部或外部绩效评价的制度安排，定期开展综合绩效评价对提升组织绩效具有良好的自我导向作用，能够帮助组织及时发现差错，纠正失误，从而促进当前事务或项目符合组织整体目标的战略发展要求。

6.激励开发功能

评价结果的运用是绩效评价过程的重要一环，也是绩效评价的重要目的。只有充分掌握上一阶段的绩效状况，才能为提升下一阶段的组织绩效奠定激励和开发基础。

总而言之，数字档案馆综合绩效评价具有计划辅助功能、决策支持功能、资源优化配置功能、监督控制功能、自我导向功能、激励开发功能，可以在整体上促进档案事业的发展、促进档案馆工作的标准化和规范化、改进用户服务、增进馆际交流互鉴。

二、绩效评价的原则

绩效评价原则是构建绩效评价指标体系和开展绩效评价活动的行为准则，对绩效评价具有实质界定性和实践指导意义。高校数字档案馆绩效评价应当遵循以下几个原则：

（一）绩效改善原则

绩效评价是一项系统工程，其过程依次是明确目标、分析问题、提出解决方案、创新提升，四个阶段在多轮评价中形成总体循环，这一循环是动态的、可调整和可预见的螺旋发展过程。

（二）用户满意原则

高校数字档案馆建设的终极目的是为用户服务，没有满足用户需求的数字档案馆建设难以体现其建设价值，因此用户满意度就是衡量高校数字档案馆绩效的最高标准。高校数字档案馆绩效评价既要遵循一般组织绩效评价的内在规律和特点，也要树立用户至上的评价导向，以用户满意度作为最高检验标准。

（三）开放性原则

绩效评价应当公开评价程序、评价过程、评价指标、评价主体及评价结果等内容。评价程序必须经过公开论证、公开的意见征集，以及方案公示。评价过程要接受监督，既要有组织的内部监督，也要有组织外的社会监督。评价结果要面向利益相关者公开，还需要接受包括社会公众在内的反馈。

（四）差异化原则

根据行政隶属关系的不同，我国的档案馆可大致分为国家综合性档案馆、专门档案馆、部门档案馆和事业单位档案馆等。由于各自的职能差异导致其在服务内容、对象、范围和方式等方面都存在较大差别，因此高校在进行数字档案馆绩效评价时应坚持差异化原则，根据测评对象的属性特点，建立与之相适应的绩效评价体系。

（五）可操作性原则

可操作性是指高校数字档案馆绩效评价流程实施的可靠性及评价指标框架体系的可执行性。就绩效评价流程来说，结构化、规范化与科学化的流程是确保高校数字档案馆绩效评价顺畅实施的关键；就绩效评价指标体系来说，要妥善处理好定性指标的设置与考核。可操作性还要具有易于扩展的特性。易于扩展是指对于不同类型的数字档案馆的绩效评价，其指标框架体系内的关键领域、衡量指标、指标权重及行动计划的可调整性。

三、绩效评价的一般过程

绩效评价是一个系统工程，也是牵动全局的特殊活动。绩效评价过程及其核心要素设计的合理性在很大程度上决定了评价结果的科学性和客观性。绩效评价的一般过程如图 7-1 所示。该图既表明了评价过程的一般步骤，也表明了评价活动所涉及的核心要素。

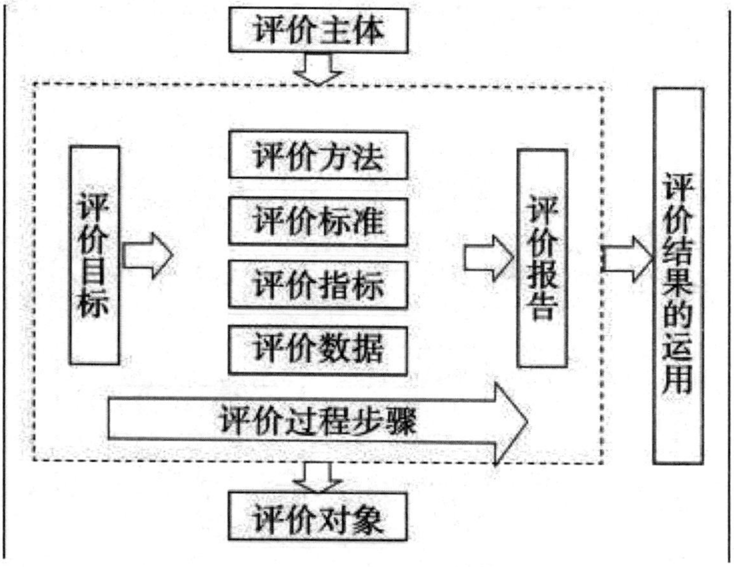

图 7-1 绩效评价的一般过程

绩效评价的一般过程首先是明确评价目标或评价目的，这是绩效评价活动实施的前提，没有具体评价目的的评价活动是没有意义的。其次是确定评价主体，也就是确定评价活动的具体实施者，是邀请外部或内部专家评价，还是邀请用户评价，还是档案馆实施自我评价，而且自我评价活动具体由哪些人参加也必须确定下来。最后，根据评价目的明确评价对象、选择评价方法、确定评价标准、构建评价指标体系、收集相关评价数据，实施评价。评价活动结束后要形成评价报告，合理归纳并充分展示评价结果，为运用评价结果奠定基础。评价结果的运用往往容易被忽视，认为形成评价报告后评价活动已经宣告结束，实际上评价结果的运用是整个评价活动的重中之重，不运用评价结果，评价活动将彻底失去意义。

实践中，评价活动应该遵循上述绩效评价的一般过程，并要求依据评价目的合理选择和设计核心要素，以保证评价活动的有序性和评价结果的可靠性。

从具体评价流程来看，评价过程可以划分为评价准备阶段、评价实施阶段、评价结束阶段及评价结果运用阶段。其中，评价准备阶段的主要任务包括确定评价对象、明确评价目标、收集分析信息资料、组织评价主体（专家小组等）；评价实施阶段的主要任务包括确定评价指标体系、选择评价方法、开展评价活动、协调利益相关方关系；评价结束阶段的主要任务包括分析评价结果、撰写评价报告；评价结果运用阶段的主要任务则是根据评价结果进行辅助决策、调整资源配置等。绩效评价的具体评价流程如图 7-2 所示。

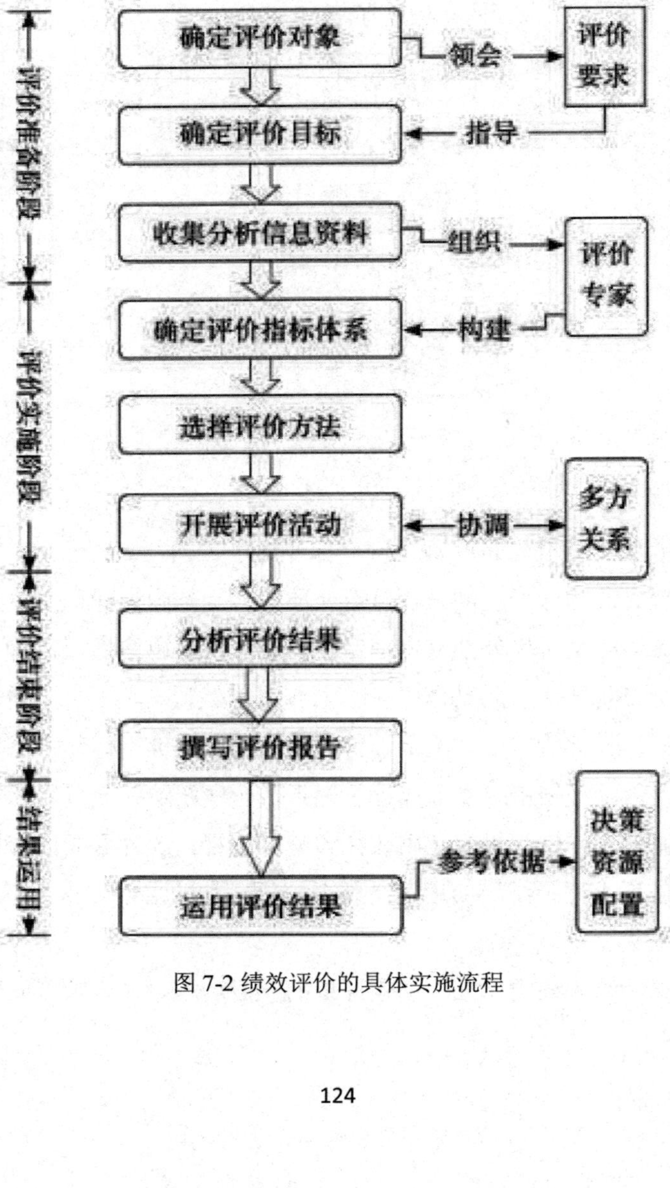

图 7-2 绩效评价的具体实施流程

四、绩效评价常用方法

选择恰当的评价方法是提高绩效评估结果可靠性和有效性的重要保障。高校数字档案馆绩效评价方法多借鉴企业领域的绩效评价方法，但由于评价目的、评价类型及评价要素等方面的差别，所选择和采用的绩效评价方法也不尽相同。因此，高校应当选择适切的、容易实施的绩效评价方法，以减少评价误差，降低评估成本，降低实施难度。

数字档案馆是建立在网络条件下的档案馆，其评价体系与一般信息系统的评价具有共通之处，但其工作流程又与传统档案馆具有很多相似之处，数字档案馆只是改变了传统档案馆的运营管理方式和手段，并没有改变档案馆的本质。因此，高校在数字档案馆绩效评价时必须充分考虑适切“信息化”和“档案馆”两个层面的方法，也就是说一般信息系统的评价方法和传统档案馆的评价方法都可以作为高校数字档案馆绩效评价的方法选择来源。

应用于高校数字档案馆绩效评价的方法多种多样，可以按照不同角度进行分类。比如按照评价对象可以分为资源评价方法、服务评价方法、技术水平评价方法、综合评价方法等；按照评价过程的核心要素可以分为评价指标确定方法、指标权重赋值方法、评价模型构建方法、评价信息收集方法等。此外，还可以分为定性评价方法和定量评价方法、主观评价方法和客观评价方法、一般评价方法和专门评价方法。

目前，高校数字档案馆绩效评价方法主要包括平衡计分卡方法、投入产出分析法、目标管理法、关键绩效指标法、360 度反馈法、层次分析法、数据包络分析法、模糊综合评价法等。各种评价方法都具有其独特的优势，但也存在一定的缺点，综合考量具体评价目的和各种方法的适用条件才能选择合适的方法开展较为合理的绩效评价活动，从而得到比较科学、客观和可靠的评价结果。表 7-1 是对常用的且认可度较高的综合评价方法的统计。

表 7-1 常用的综合评价方法

类别	方法名称	方法描述	主要优点	主要缺点	适用对象
定性评价方法	专家会议法	组织专家面对面交流，通过讨论形成评价结果	操作简单，可以利用专家知识和经验，结论易于使用	主观性较强，多人评价时结论难以收敛	战略层次的决策分析，难以量化的大系统及简单的小系统
	德尔菲法	征询专家意见，独立进行评价后汇总、收敛			
技术经济分析方法	经济分析法	通过价值及功能分析、成本效益分析，采用 NPV、IRR、T 指标	方法的含义明确、可比性强	建立模型比较困难，只适用于评价要素较少的对象	大中型投资或建设项目，企业设备更新与新产品开发效益等方面的评价
	技术评价法	通过可行性分析、可靠性评价等			
多属性决策方法	多属性和多目标决策方法	通过化多为少、分层序列、直接求非劣解、重排次序法来排序和评价	对评价对象描述比较精确、可以处理多决策者、多指标和动态的对象	刚性评价，无法涉及有模糊因素的对象	优化系统的评价和决策，应用领域广泛
运筹学方法(狭义)	数据包络分析法	以相对效率为基础，按多指标投入和多指标产出，对同类型单位的相对有效性进行评价	可以评价多输入多输出的大系统，并可用“窗口”技术找出薄弱环节	只表明评价单元的相对发展指标，无法表示出实际发展水平	评价经济学中生产函数的技术、规模有效性，产业效益，教育部门的有效性
统计分析方法	主成分分析	相关的经济变量间存在着支配作用的共同因素，可以对原始变量相关矩阵内部结构进行研究，找出影响某个经济过程的几个不相关的综合指标来线性表示原来变量	全面性、可比性、客观性、合理性，可以解决相关程度大的对象的评价	因子负荷符号交替使得函数意义不明确，需要大量的统计数据，没有反映客观发展水平	对评价对象进行分类
	因子分析	根据因素相关性大小把变量分组，使得同一组内的变量相关性最大			反映各类评价对象的依赖关系并应用于分类

续表

类别	方法名称	方法描述	主要优点	主要缺点	适用对象
	聚类分析	计算对象或指标间距离或者相似系数，进行系统聚类			证券组合投资选择，地区发展水平评价
	判别分析	计算指标间距离，判别所归属的主体			主体结构的选择，经济效益综合评价
系统工程方法	评分法	对评价对象划分等级、打分后进行处理	方法简单，易于操作	只能用于静态评价	新产品开发计划和结果，交通系统安全性评价等
	关联矩阵法	确定评价对象和权重，对各替代方案有关评价项目确定价值量			
	层次分析法	针对多层次结构的系统用相对量的比较，确定多个判断矩阵，取其特征根所对应的特征向量作为权重，最后综合出总权重，并且排序	可靠度比较高，误差较小	评价对象的因素不能太多（一般不多于9个）	成本效益决策、资源分配次序、冲突分析等
模糊数学方法	模糊综合评价	引入隶属函数，把人类的直觉确定为系数，并将约束条件量化，进行数学解答	可以克服传统数学方法唯一解的弊端，根据不同可能性得出多个层次的问题题解，具备可扩展性，符合现代管理中“柔性管理”思想	不能解决评价指标间相关而造成的信息重复问题，隶属函数、模糊相关矩阵等的确定方法有待进一步研究	消费者偏好识别、决策中的专家系统、证券投资分析、银行项目贷款对象识别等，拥有广阔的应用前景
	模糊积分				
	模糊模式识别				
对话式评价方法	逐步法	用单目标线性规划法求解问题，每进行一步，分析者把计算结果告诉决策者来评价结果，如果认为结果满意则停止迭代；	人机对话的基础性思想，体现柔性化管理	没有定量表示出决策者的偏好	各种评价对象
	序贯解法				

续表

类别	方法名称	方法描述	主要优点	主要缺点	适用对象
		否则继续根据决策者的意见进行修改和再计算，直到满意为止			
智能化评价方法	基于BP人工神经网络的评价	模拟人脑智能化处理过程的人工神经网络技术，通过BP算法，学习或训练获取知识，并存储在神经元的权值中，通过联想把相关信息复现，能够“揣摩”“提炼”评价对象本身的客观规律，进行相对同属性评价对象的对价	网络具有自适应能力，具有可容错性，能够处理非线性、非局域性与非凸性的大型复杂系统	精度不高，需要大量的训练样本	应用领域不断扩大，涉及银行贷款项目、股票价格的评估、城市发展综合水平的评价等

五、高校数字档案馆绩效评价存在的问题

（一）内部评价机制不健全

内部评价是考查数字档案馆建设水平、调整发展战略、完善推进机制的主要参考依据，具有强大的反馈、控制、激励和开发功能。然而，目前大多高校并没有建立数字档案馆内部评价机制，或者由于没有责任认定机制和整改机制而忽略评价结果，因此并没有有效发挥绩效评价的功能和作用，评价作为高校数字档案馆内部调整机制的重要作用也没有充分发挥。高校数字档案馆绩效评价的参与主体过于单一，缺乏系统、完善、持续的绩效评价机制。评价最重要的目的不是证明，而是改进。高校只有重视内部评价，才能找出数字档案馆建设的薄弱环节，才能为数字档案馆战略决策和发展奠定坚实基础。

（二）外部评价缺失

外部评价缺失是外部治理机制缺失的典型表现。尽管国家档案局出台了《数字档案

馆建设指南》和《数字档案室建设评价办法》等文件，有些省份还制定了地方标准，如江苏省发布的《数字档案馆建设规程》等，但这些文件都是参照执行，将权力完全下放到各单位，并没有明确外部评价主体和具体评价要求。教育行政部门和档案事业管理部门都没有建立专门的数字档案馆绩效评价机构或组织，尤其是没有对高校的数字档案馆建设绩效开展具有针对性的评价，也很少出台针对高校数字档案馆的评价标准和指标体系。在高校教育信息化绩效评价中，对数字档案馆的评价也多有忽视，政府所倡导的第三方评价也迟迟未能到位。然而，外部评价对形成良好的信息化治理局面具有不可估量的作用，它是教育信息化绩效评价必须重视的研究课题，也是高校数字档案馆绩效评价必须重视的实践课题。

（三）评价指标体系不完善

目前，我国教育行政管理部门和档案事业管理部门很少组织专家研制专门针对高校数字档案馆绩效评价的指标体系，实践中要么参考国家档案局发布的《数字档案室建设评价办法》中的指标体系，要么高校自己制定评价指标体系。高校对绩效考核制度在档案管理工作中的应用尚未形成统一的、规范的、实践性强的标准体系，没有一个量化的标准，各高校都根据自己学校的具体情况制定不同的评价标准和参考依据。一些高校直接将档案馆业务工作的统计数据作为评价指标，这并不能全面反映数字档案馆的绩效水平，还有些高校将评价指标体系权重均等分配，不能很好地体现出评价的导向作用。而有些评价指标中又缺乏对高校数字档案及其管理工作的特点、工作性质的现实思考，缺乏有效的绩效管理评价体系，评价工作也多流于形式，从而失去了评价的实际意义。

（四）自我评价形式化

外部评价缺失、内部评价机制不健全，以及评价指标体系不完善等原因，使得高校档案馆在开展数字档案馆绩效评价时无章可循，随意性和主观性较大，有时候尽管评价主体发现和感受到数字档案馆建设中存在的问题，但往往拿不出实际的证据或找不到科学可靠的参照标准，最终只能给出“合格”的判定。从高校档案馆自主评价的角度和实施过程来看，这种评价是完全的自我评价。因此，自主评价结果只能反馈给档案馆的部门领导，而进入不了学校决策层的视野之中。档案馆在高校的协调力和话语权有限，绩效评价中的关系协调完全依赖档案馆领导的沟通，协调成本较高，难以达到协调的要求和效果。更为重要的是，在缺少评价机制引导和规范的情况下，数字档案馆绩效评价活动能否开展基本上取决于档案馆领导的认识和需要。有些档案馆领导低估了绩效评价的作用，有些则因个人能力有限而难以实施自我绩效评价。真正能够规范化、标准化开展自我绩效评价的高校档案馆少之又少。

第二节 高校数字档案馆绩效评价指标体系构建

一、高校数字档案馆绩效评价指标体系构建原则

绩效评价指标是开展绩效评价活动的基本工具，在进行绩效评价前首先要构建绩效评价指标体系。绩效评价指标体系的构建是一个系统性的复杂活动，评价指标项目选取的合理性直接决定了评价结果的准确性和科学性。严格来讲，绩效评价指标体系构建原则包括两层含义：一是评价指标项目的选取原则，二是评价指标体系的优化原则。通常而言，无论是选取还是优化，建立绩效评价指标都需要遵循科学性与实用性原则、全面性与系统性原则、整体性与层次性原则、客观性与目的性原则、系统性与一致性原则、动态性与可操作性原则等。更为重要的是，在构建绩效评价指标体系时，如果需要针对特定评价对象和评价目的，还需要确立适切而相对独特的评价原则。

本书以高校数字档案馆为评价对象，但其绩效评价可以从不同的角度或不同的评价目的进行评价，也就是说评价目的不同，评价重点不同，评价指标体系也就相应发生变化，其所遵循的绩效评价原则也会有所不同。本部分对高校数字档案馆综合绩效进行评价，同时注重绩效评价指标体系对高校数字档案馆建设治理的导向作用。构建高校数字档案馆综合绩效评价指标体系时，不仅要遵循上述一般原则，还需要遵循以下适切而相对独特的原则，以突出绩效评价的指导性和普遍性。

（一）综合性原则

基于不同目的，可从特定视角对高校数字档案馆某一方面进行评价，如服务质量、

网站信息资源组织、公共服务能力等。在构建绩效评价指标体系时，需要充分考虑指标项目选取的全面性和综合性。

（二）指导性原则

指导性原则是指选择的评价指标项目应该具有引导高校数字档案馆朝着既定目标前进的功能和效力。改善绩效是绩效评价的根本目的，要想保证高校数字档案馆从绩效评价中获益，就必须保证绩效评价指标体系的确切指导意义，以使绩效改善有据可循。

（三）代表性原则

纷繁复杂的评价指标项目会削弱评价的指导意义。代表性原则是指评价指标选择不宜过多过细，应当删繁就简。指标项目之间既要具有一定距离，又能良好反映被评价对象某方面的特性，即选取的指标项目要具有典型性和代表性。

（四）普遍性原则

评价指标体系要满足大多数高校数字档案馆绩效评价的需求，而不能只是个别高校或特定情境下的绩效衡量和价值判断。遵循普遍性原则，既有利于高校数字档案馆开展自我评价，也有利于在高校数字档案馆之间进行横向比较。

二、高校数字档案馆绩效评价指标体系构建程序

科学的绩效评价指标体系是开展绩效评价的前提，只有设计出科学合理的评价指标体系，才有可能得出公正、有效、可靠的评价结论。我国著名评价管理专家邱均平教授及相关专家对评价指标体系及其形成方法和程序展开了深入研究。根据邱均平教授等人的研究成果，高校数字档案馆绩效评价指标体系构建也应当遵循规范的程序，现将其核心要义简述如下：

评价指标是表明评价对象某一特征的概念及其数量表现，它既明确了评价对象某一特征的概念或性质，又反映了评价对象的数量，具有定性认识和定量认识的双重作用。根据评价任务和评价目的的需要，能够全面系统地反映某一特定评价对象的一系列较为完整的、相互之间存在有机联系的评价指标就是评价指标体系。概括而言，评价指标就

是评价的标准和尺度，是衡量、比较事物的基本依据，评价指标体系则是评价指标的集合。相对于评价指标体系而言，各个评价指标通常也被称作评价指标项目。评价指标和评价指标体系是对评价对象全部或部分特征的客观反映。

评价指标体系要从多个视角和层次反映特定评价对象的规模与水平，其构建过程是一个动态的复杂过程，整个过程会涉及多种方法，要经历一系列步骤和环节，并且受到多种因素的影响。因此，在任何评价中，都没有绝对科学合理的评价指标体系，只有相对合理的评价指标体系。尽管难以构建出万能通用的评价指标体系，但却有评价指标体系构建的一般方法和程序。评价指标体系构建是一个“具体—抽象—具体”的辩证逻辑思维过程，是人们对评价对象整体特征认识的逐步深化、逐步求精、逐步完善、逐步系统化的过程。

通常来说，评价指标体系的构建需要经历五个步骤，即准备阶段、形成评价指标体系原型、筛选评价指标项目、检验评价指标体系、确定评价指标体系。结合苏为华等学者的研究，可以将评价指标体系的构建过程用图 7-3 来表示。

其中，形成评价指标体系原型采用的方法主要包括层次分析法、频度统计法、理论分析法、专家调查法、名义小组技术、德尔菲法等，采用这些方法可形成较为粗放、笼统的评价指标体系，各评价指标项目间可能存在重复、交叉甚至网状结构关系。为了解决这些问题，需要对评价指标体系原型中的项目进行测验筛选和结构优化，测验筛选的目的是对评价指标体系原型中的单项评价指标和整个评价指标体系进行完整性、系统性、准确性、可行性、可靠性、科学性、关联性、协调性、冗余度检验，一般以专家判断等定性方法为基础，以定量测验方法为补充。评价指标体系结构优化主要是从层次深度、每一层次的指标个数、是否存在网状结构等方面进行优化，通常也采用定性和定量相结合的方法。最后还要对评价指标项目进行量化处理，包括定量量化、定性量化和无量纲化处理，其目的都是将指标项目转化为可量化、可直接比较的形式，以便实施评价。

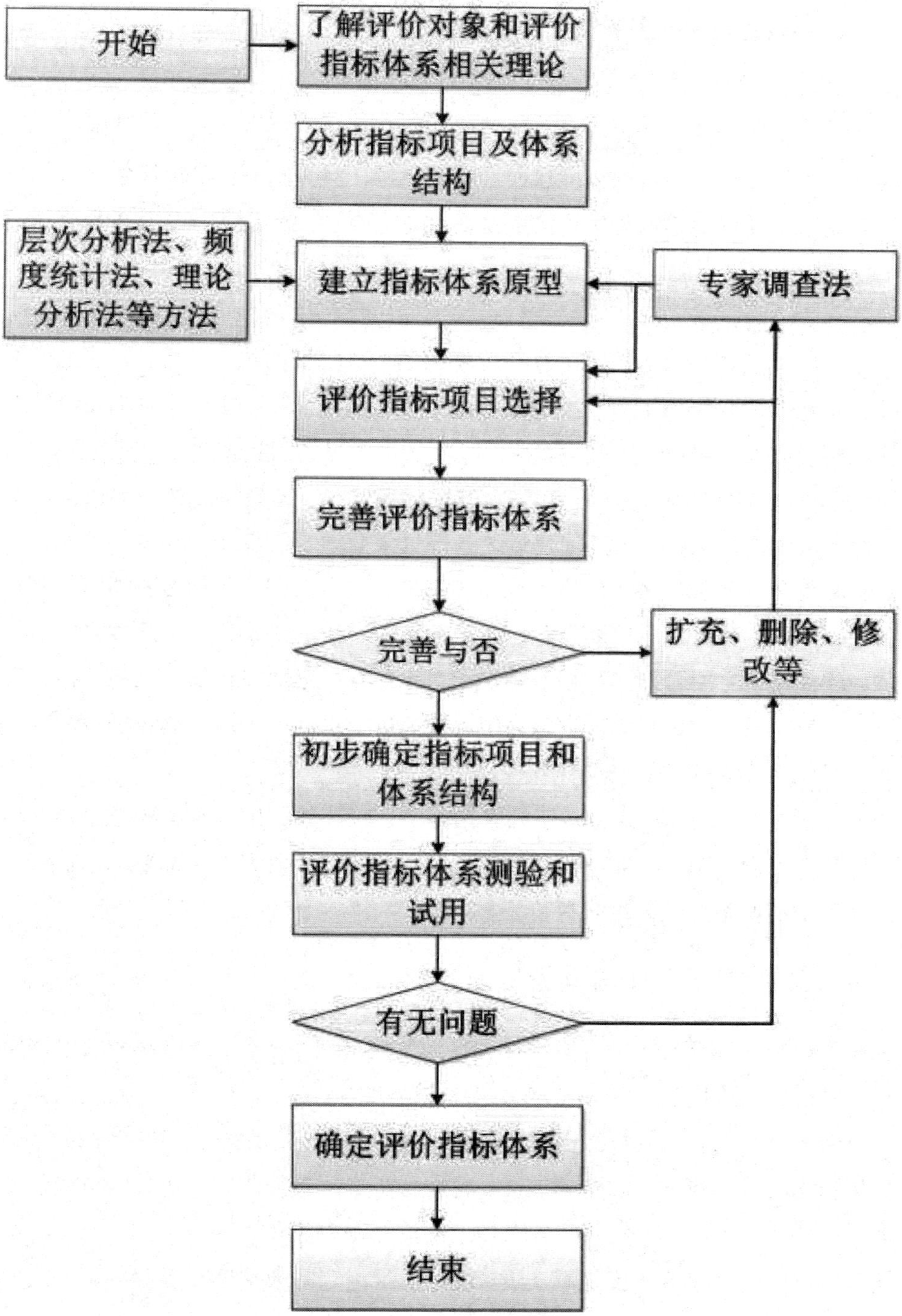

图 7-3 评价指标体系的构建过程

三、高校数字档案馆绩效评价的内容

数字档案馆绩效评价内容分析既体现了组织的评价意愿和要求，也是确定评价指标项目的基本依据。数字档案馆环境建设、资源建设、服务质量、组织治理、人才队伍建设等是高校数字档案馆建设与发展的关键领域，也是绩效评价应该关注的重点内容。

（一）数字档案馆环境建设绩效评价

信息化环境建设是数字档案馆存在的基础条件和发展的重要任务，其建设成果和应用成效决定着高校数字档案馆发展的整体水平。通常而言，信息化环境主要包括硬件环境、软件环境和人文环境三大类。其中，人文环境因受组织管理和制度规范等的影响较深，很少单独纳入绩效评价范畴，而是将其融合在管理规范及制度建设的指标之下进行考量。因此，高校数字档案馆环境建设绩效评价主要涉及硬件环境和软件环境。硬件环境是由各种信息化设施设备、网络、场所等基础设施组成的，包括服务器、计算机、网络设备、存储、各种终端和辅助设备、各种档案数字化加工设备，以及数据中心等设施和场所。软件环境主要包括各种档案管理信息系统、档案数字化加工系统、档案资源发布系统、门户网站等软件系统，也包括服务于高校数字档案馆运行的各类办公软件、应用软件，以及防病毒软件等辅助性软件。

基于上述分析，高校在进行数字档案馆环境建设绩效评价时应主要考虑硬件环境和软件环境两个方面，鉴于目前学校教育信息化已达到较高水平，支持数字档案馆业务运行的校园网络情况也应纳入绩效评价指标。

（二）数字档案馆资源建设绩效评价

资源建设是保证高校数字档案馆持续良性发展的基本条件，也是高校数字档案馆建设中价值创造的根本所在。没有丰富、完善的数字档案资源，优质服务就无从谈起，应用绩效也会大打折扣。高校数字档案资源建设内容主要包括电子文件接收归档、馆藏档案数字化加工转换、档案资源整理加工、建立各类专题数据库等。从数字档案资源利用的角度，也可从资源内容、资源服务和技术支撑三个方面建立评估框架。而从数字档案资源绩效评价影响因素的角度来看，其绩效评价重点是与数字档案资源各个方面的服务质量和服务满意度相关的内容。高校数字档案馆资源建设绩效评价应该涉及数字档案资源的信息质量、依赖的管理和检索系统功能、用户利用情况、服务环境、成本和效益等方面。近年来，随着信息技术及档案信息化理论的不断发展和高校数字档案馆建设的整体推进，数字化档案资源建设成为高校数字档案馆建设的重中之重，档案数字化工作的步伐也在同步向前推进。同时，数字档案资源建设经费投入也在不断增加，从数字档案资源的规划、加工、转换、管理及应用等方面进行了较为深入的探索和实践，取得了一定成效。因此，数字档案资源的建设和利用情况是数字档案馆绩效评价的重要内容。

（三）数字档案馆服务质量绩效评价

信息技术应用是高校数字档案馆发展的核心动力，应用绩效可大致分为机构内部应用绩效和用户应用绩效（其核心是用户满意度）两个方面，而服务质量则是应用绩效最直接、最重要的反映，服务质量是从用户的角度而言的，其衡量标准来源于用户的“期望的服务质量”和“感知的服务质量”两个方面。顾客感知的服务质量常常是以得到服务之前的期望和实际接受服务过程中的体验相比较来衡量的。所以，服务质量可以看作用户对服务质量的期望与对实际服务的感知之间差距的函数：当用户接受的服务质量感知大于期望的服务质量时，则属于满意的服务质量；当用户接受的服务质量感知小于期望的服务质量时，则属于不满意的服务质量。但也应该看到，满意度是指用户需求是否得到满足，以及用户对满足程度的感知，完全基于用户满意度的服务质量具有较强的主观性，完全基于用户满意度的绩效评价可能会对评价的真实性、客观性以及评价结论的可靠性产生较大影响。因此，在对数字档案馆服务质量进行绩效评价时，既要考虑档案馆内部职员对于数字档案资源品质、信息系统服务质量、档案信息的可用性、成本效益等方面的质量的绩效测评，也要重视来自外部用户对服务质量的感知与认同。

（四）数字档案馆组织治理绩效评价

绩效评价是指运用科学的评价方法和程序，对评价对象的现实状况与预先确定的期望标准之间进行比较、衡量和评判的过程。管理绩效评价和治理绩效评价都是绩效评价的特定方面，但二者的切入视角和目的不同。管理绩效评价是从管理者的角度出发，重点关注具体任务的实施，进而衡量和评判信息化建设结果的效果和效益。治理绩效评价是从宏观层面发现制约数字档案馆发展的薄弱之处，是对数字档案馆治理目的、治理主体、治理内容，以及治理方法等进行科学、客观、公正的衡量、比较与综合评判的过程，其核心是推进机制评价，它着重考查数字档案馆推进机制建设和运作的可靠性与有效性。推进机制评价是对保障和推进数字档案馆健康发展的策略、方式、方法和手段等的评价。治理绩效评价不仅是对高校数字档案馆推进机制建设结果和效益的反映，还是对高校数字档案馆战略实施过程的监测，发挥着指导、监督和促进数字档案馆长远发展的重要作用。数字档案馆组织治理绩效评价应该从管理决策、制度设计以及制度性绩效评价几个方面进行考查，以从根本上发挥高校治理的作用，是把数字档案馆建设置于高校发展的战略背景下进行推进，而不是需要时才进行“修补”式的建设。

（五）数字档案馆人才队伍建设绩效评价

人才队伍建设是高校数字档案馆发展的基本保障，也是高校数字档案馆可持续发展的关键。高校数字档案馆人才队伍主要包括管理队伍、技术队伍和应用服务队伍三个层面。管理队伍主要包括高校内部的档案管理委员会、专业机构和管理者。技术队伍是指为数字档案馆建设提供技术支持和服务保障的专门人才。广义上讲，技术队伍不仅包括高校数字档案馆自己的技术力量，也包括委托、外包等服务形式下提供技术支持的企业人员。应用服务队伍主要是档案收集、查询、利用以及面向用户提供档案服务等方面的业务处理人员。高校开展人才队伍建设绩效评价，有助于检视数字档案馆队伍建设中存在的问题，有利于促进学校层面档案人才队伍建设决策的正确性，增强数字档案馆建设、应用和服务能力，从而促进高校数字档案馆健康可持续发展。

数字档案馆在整个高校信息化建设中处于边缘地带，其人才队伍建设往往容易被忽视，而且高校数字档案馆自我评价及其评价结果运用机制不完善，人才队伍建设难以进入学校高层决策者的视野，这也正是高校数字档案馆人才紧缺的重要原因。

四、高校数字档案馆评价指标项目选择

数字档案馆评价指标项目的选择在构建评价指标体系中具有举足轻重的作用，实践中往往受评价环境、评价对象以及评价主体等的影响较大。在构建评价指标原型时，各评价指标项目选择的来源主要包括三个方面：一是各级各类实践中已经使用的评价指标体系，如国家档案局办公室印发的《数字档案室建设评价办法》文件中提出了《数字档案室建设评价指标》，该评价指标体系从领导与组织（5 分）、基础设施建设（15 分）、应用系统建设（30 分）、数字档案资源建设（35 分）、保障体系建设（15 分）、工作

亮点（10 分）等方面形成一级指标，各一级指标下细分若干二级指标，这对构建评价指标体系具有良好的参考价值和指导意义。二是诸多学者在研究中提出的评价指标体系，论证较为充分的，且应当纳入评价指标体系的项目，更应受到关注。三是在实践中发现的普遍认为应该纳入评价指标体系的项目，此类项目是否纳入最终评价指标体系需要经过规范的专家论证和深入的理论分析才能确定下来，以最大限度地避免主观性。

（一）确定一级指标

从上述数字档案馆绩效评价内容的分析可以看出，数字档案馆环境建设、资源建设、服务质量、组织治理、人才队伍建设等是高校数字档案馆建设与发展的关键领域，也是绩效评价应该关注的重点内容。同时，为了确保高校数字档案馆建设能够达到期望水平，结合当前对我国高校数字档案馆绩效评价中所存在问题的分析，高校数字档案馆绩效评价指标体系可以分解为四个层面，即高校数字档案馆环境建设绩效评价、高校数字档案馆资源建设绩效评价、高校数字档案馆服务质量绩效评价、高校数字档案馆组织治理绩效评价。其中前三个层面是学界比较认可的评价指标项目，也经常被纳入高校数字档案馆绩效评价指标体系，而高校数字档案馆组织治理绩效评价的内容很少被重视，在现有的研究成果和评价指标体系中寥寥无几。因此，下面重点对高校数字档案馆组织治理绩效评价纳入评价指标体系的重要性及理由进行阐述：

高校数字档案馆组织治理绩效和管理绩效相类似，但其理论基础、指导思想以及关注重点等方面存在差异。管理是依赖于行政权力进行的自上而下的指导、控制与协调。治理是指为实现“善治”目的，创建多元主体（利益相关者）参与共治的管理机制并加以切实落实的过程，它在本质上是一种力求释放活力、追求共治的制度安排和执行体系。管理意味着权威与强制，而治理则追求协商与和谐。治理并不否定管理，可以说“治理是管理的现代形态”，但治理超越了以往管理自上而下的外部行政力量驱动，试图释放并依赖制度逻辑下的多元主体协商共治的内部驱动力。治理既有利于解决事物发展的体制机制约束，也有利于调动多方参与人员的积极性。

从高校数字档案馆组织治理绩效评价的构成内容来看，可以将其分解为四个方面：

第一，学校层面的管理决策，这种决策主要体现在战略性决策、执行机构设置和人员配备三个方面。其中，战略性决策涉及高校数字档案馆发展规划、经费投入方式以及为数字档案馆发展“咨政建言、献计献策”的智库建设等方面；执行机构设置主要考查高校数字档案馆服务于战略性决策的领导力和执行力；人员配备旨在保障高校数字档案馆建设的人力资源基础，包括高校数字档案馆专职人员、业务部门人员以及校外档案信息化技术人员等用人机制，这正是数字档案馆人才队伍建设绩效评价的重要内容。

第二，项目建设与维护层面的治理机制，包括合作机制、项目建设流程的设计以及相关标准与规范的制定。其中合作机制既包括校企合作、服务外包，也包括校内各职能部门的协同协作；项目建设流程既包括项目立项与实施的协调机制，还包括项目建设特定环节的人员进入机制；相关标准和规范主要考查标准建设的全面性、有效性，以及标准执行和服务的规范性等。

第三，为保证数字档案馆有序推进的制度设计，包括对制度建设过程及其执行效果的考查；档案信息化人员的激励措施，如档案信息化业务与职称评定、晋升、深造、培训、奖励等的关联程度，以及利益相关者参与治理的途径与意见采纳机制等。

第四，高校对数字档案馆建设和运用效益开展评价的重视程度及其执行情况，包括内部评价、外部评价和用户评价三种途径，同时也包括对评价结果的处理及运用机制等。

治理绩效评价的目的就是要发现并解决高校数字档案馆推进机制及其执行过程中存在的问题，尤其是制约高校数字档案馆健康有序发展的体制机制问题。需要说明的是，尽管人才队伍建设也是高校数字档案馆建设及其绩效评价关注的重点内容，但从治理的角度来看，人才队伍建设问题可以完全纳入组织治理的范围和框架之内。因此，上述四个层面的概念集可以作为高校数字档案馆组织治理绩效评价指标体系的重要一级指标项目，即将高校数字档案馆环境建设、资源建设、服务质量以及组织治理作为绩效评价体系的一级指标。

（二）形成指标体系

一级指标项目是一个内涵丰富的概念集，每一个概念集中的子概念又是一个独立的具有丰富语义的概念集。按照高校数字档案馆绩效评价指标构建原则，根据上述四个层面内容构成的分析思路，对一级指标概念集进行语义扩展，分别对应高校数字档案馆绩效评价的二级指标。将二级指标细化到具体的评价情境中，实例化为三级指标。实例化过程中要考虑每个指标项目的自洽性和各指标项目之间的张力。为了确保同级指标项目内容的独立性和纵向指标项目内容的统一性，从三级指标逐级向上归类收敛，调整各级指标的规范性描述和范围限定，完成指标项目的“反向界定”。如此经过多轮专家意见征询、语义调整及反向鉴定，最终形成包括 4 个一级指标、10 个二级指标、32 个三级指标和 86 个四级指标的高校数字档案馆绩效评价指标体系（见表 7-2）。

表 7-2 高校数字档案馆绩效评价指标体系

一级指标	二级指标	三级指标	四级指标
A 环境建设（25 %）	A1 硬件系统建设（40 %）	A11 档案数据中心（50 %）	A111 数据中心机房及配套安防监控系统（20 %）
			A112 服务器数量及其性能配置（25 %）
			A113 磁盘阵列等存储设备性能及容量（20 %）
			A114 档案数据异地容灾备份系统（10 %）
			A115 局域网、校园网、因特网布局合理性、安全可靠性，外网带宽及其可用性（15 %）
			A116 机房恒温恒湿和消防系统设备（10 %）
		A12 数字化设施设备（20 %）	A121 数字化加工用房及其扫描设备（35 %）
			A122 音视频、图像等采集、摄录设备（35 %）
			A123 工作计算机、自助查档服务等终端设备（30 %）
		A13 信息安全（30 %）	A131 防火墙、漏洞扫描、入侵检测、安全审计等网络安全设备的使用情况（45 %）
			A132 UPS 系统设备及其可供电时长（25 %）
			A133 档案数据库安全防护及物理隔离情况（30 %）
	A2 软件系统建设（60 %）	A21 电子档案管理系统（20 %）	A211 业务系统配置在线接收电子文件（50 %）
			A212 实现在线接收电子档案功能（50 %）
		A22 数字档案馆门户网站（15 %）	A221 馆藏档案资源服务情况（30 %）
			A222 学校档案业务建设情况（30 %）
			A223 可达性、可访问性、外观设计、隐私与安全等网站设计指标（40 %）
		A23 学籍档案管理系统（20 %）	A231 建立校友学籍档案专题库（55 %）
			A232 实现学籍档案远程查询利用（45 %）
		A24 声像档案管理系统（15 %）	A241 照片档案数据库建设情况（35 %）
			A242 视频档案数据库建设情况（35 %）
			A243 音频档案数据库建设情况（30 %）
		A25 档案数字化加工系统（15 %）	A251 具备扫描图像智能处理和 OCR 等功能（100 %）
		A26 档案资源发布系统（15 %）	A261 提供档案目录和全文的公开鉴定发布（100 %）

续表

一级指标	二级指标	三级指标	四级指标
B 资源建设（30 %）	B1 档案资源管理（45 %）	B11 电子文件归档（25 %）	B111 提供数据采集、在线电子文件归档功能（15 %）
			B112 数据处理，验证电子文件的准确性、完整性、可用性和安全性（20 %）
			B113 档案数据管理（20 %）
			B114 包含高级检索功能的数据查询利用（15 %）
			B115 档案数据移交（15 %）
			B116 用户、日志、权限、数据备份等系统管理（15 %）
		B12 传统档案数字化（25 %）	B121 传统档案数字化方案建设与执行情况（30 %）
			B122 馆藏传统档案数字化质量（40 %）
			B123 重要、珍贵档案数字化比例（30 %）
		B13 档案资源加工整理（25 %）	B131 目录数据库建设情况（35 %）
			B132 全文数据库建设情况（35 %）
			B133 档案目录与全文数据有效挂接（30 %）
		B14 专题档案资源库（25 %）	B141 专题数据库数量（25 %）
			B142 专题数据库特色及亮点（40 %）
			B143 专题库建设质量（35 %）
	B2 档案资源利用（55 %）	B21 档案资源查询（30 %）	B211 向公众提供可公开档案目录网络查询（25 %）
			B212 向公众提供可公开档案全文网络查询（20 %）
			B213 因特网上提供新媒体查档预约功能（30 %）
			B214 到馆用户通过自助终端自助查询（25 %）
		B22 档案远程利用（40 %）	B22 用户远程查档利用的服务质量（100 %）
		B23 档案利用情况统计（30 %）	B231 档案利用情况分析（40 %）
			B232 查档用户情况分析（30 %）
			B233 档案利用效益分析（30 %）
C 服务质量（30 %）	CI 馆员感知质量（45 %）	C11 规划与建设情况感知（50 %）	C111 对数字档案馆规划、经费、项目建设方面的认识（50 %）
			C111 对数字档案馆管理制度、业务流程等方面的认识（50 %）

续表

一级指标	二级指标	三级指标	四级指标
		C12 服务与利用情况感知（50 %）	C121 对档案查全率、查准率的感知（60 %）
			C122 对档案创新利用方面的意见和建议（40 %）
	C2 用户感知质量（55 %）	C21 工作人员态度感知（40 %）	C211 工作人员对档案查询利用的支持度及其态度认知（100 %）
		C22 档案利用满意度（60 %）	C221 档案查询方式的便捷性（45 %）
			C222 档案查询结果的准确性（55 %）
D 组织治理（15 %）	D1 学校管理决策（25 %）	D11 经费投入情况（40 %）	DI11 经费投入决策与项目规划决策的一致性（40 %）
			D112 经费使用机制的健全性与合理性（60 %）
		D12 档案机构设置（30 %）	D121 学校档案领导机构的独立性（45 %）
			D122 档案管理部门的项目执行力（55 %）
		D13 人员配备情况（30 %）	D131 档案机构的人员数量及专业背景（40 %）
			D132 业务部门档案专职人员配备情况（25 %）
			D133 校外档案信息化人员的借力机制（35 %）
	D2 项目建设维护（30 %）	D21 合作协作机制（30 %）	D211 服务外包的制度依据和可操作性（30 %）
			D212 校企合作的制度依据和可操作性（40 %）
			D213 校内部门间协同与责任分工机制（30 %）
		D22 业务流程设计（35 %）	D221 常态化业务工作的管理协调机制（30 %）
			D222 项目建设流程设计及运行顺畅性（40 %）
			D223 临时性项目人员配备及考核办法（30 %）
		D23 标准规范建设（35 %）	D231 相关标准建设的全面性和应用情况（40 %）
			D232 建设项目实施的规范程度（30 %）
			D233 数字档案资源服务的标准化程度（30 %）
	D3 长效制度设计（30 %）	D31 制度建设（45 %）	D311 制度建设的全面性、统一性和长远性（30 %）
			D312 制度执行的有效性、可靠性和标准化（40 %）
			D313 制度运用的灵活性、广泛性和可操作性（30 %）
		D32 激励机制（25 %）	D321 档案业务工作与职称、晋升等的关联性（35 %）
			D322 培训、交流、科研等教师发展的支持度（40 %）
			D323 档案信息化建设项目成员的激励机制（25 %）

续表

一级指标	二级指标	三级指标	四级指标
		D33 参与治理（30 %）	D331 用户应用满意度及意见建议的实时反馈渠道（50 %）
			D332 利益相关者反馈意见和建议的论证采纳机制（50 %）
	D4 绩效评价实施（15 %）	D41 内部评价（40 %）	D411 评价指标体系设计的合理性及评估办法的有效性（40 %）
			D412 评价结果的责任认定和落实整改机制（30 %）
			D413 固定的内部评价周期及其合理性（30 %）
		D42 外部评价（30 %）	D421 外部评价主体的权威性（30 %）
			D422 评价标准的合理性和可比较性（30 %）
			D423 评价结果处理及运用机制（40 %）
		D43 用户评价（30 %）	D431 参与评价的用户数量及其代表性（45 %）
			D432 用户评价渠道及工具的有效性（55 %）

五、高校数字档案馆指标项目权重赋值

评价指标体系确定之后，需要考虑各指标项目在整个评价指标体系中的地位和作用以及对评价结果的影响程度，因此需要对各指标项目进行权重赋值。权重也称权或权数，是指以某种数量形式对比、权衡被评价事物总体中诸因素相对重要程度的量值。权重值的确定直接影响评价的结果，权重值的变动可能引起被评价对象优劣顺序的改变。用来确定权重的方法有很多，根据这些方法计算权数时原始数据的来源不同，可分为主观赋权法和客观赋权法两大类。主观赋权法没有统一的标准，主要通过主观的价值判断来确定各项指标的权数，常用的方法包括专家打分法、德尔菲法、层次分析法等；客观赋权法是直接根据原始数据，通过数学或统计方法处理后获得权数，常用的方法包括主成分分析法、因子分析法、二项系数法、熵值法等。

本部分采用了德尔菲法来确定高校数字档案馆指标项目权重赋值。根据上述高校数字档案馆绩效评价体系的概念框架，邀请了 7 位专业人员对评价指标体系的权重进行三轮打分及确定。邀请的专家包括 3 位长期从事数字档案馆规划咨询与研究的高级职称人员，4 位长期从事数字档案馆建设的一线人员。首先对指标项目进行了分析和确认，无异议后，根据专家经验进行了权重赋值，最终权重值是 7 位专家人员各自赋值的平均值，

依据整数化原则适当调整后，结果见表7-2各指标项后括号内的数字。根据高校数字档案馆绩效评价指标体系的构建原则，权重采用了百分比的形式，实际绩效评价活动中的专家打分采用百分制，即每一个四级指标的满分都为100分。这样做的好处是可以拉开各指标打分的距离，而不至于因为满分过小而难以区分各指标反映的实际情况。其中，与教育信息化治理绩效评价的研究结果相类似，外部评价指标项目存在争议，认为目前高校很少开展数字档案馆绩效外部评价活动，将该指标纳入评价会影响最终评价结果。但也有专家指出，外部评价是保证评价结果客观性和可靠性的重要保障，外部评价或者第三方评价是绩效评价未来发展的必然趋势，作为面向未来的学术研究不应该因为缺乏实践就排除该项指标。为了保持评价指标体系的完整性和科学性，最终仍然保留了该指标项目，并依照赋值人员对指标项目重要性的认知进行权重赋值。

需要说明的是，本部分所构建的指标体系更多的是一种反映高校数字档案馆绩效评价的概念框架，依据专家经验确定的指标权重具有很好的参考价值，但并不能确保满足其准确性和多样化评价需求。评价指标项目及其权重需要在实践中逐步检验和修正，高校数字档案馆绩效评价指标体系也同样需要在绩效评价实践中持续改进和完善。另外，在具体的评价操作中，高校可根据实际情况和需要对四级指标项目进行适当扩充和细化，根据数字档案馆规划目标以及阶段性重点工作推进需要合理设置指标项权重，以确保数字档案馆绩效评价的导向性和现实指导意义。

六、高校数字档案馆绩效评价体系优势分析

数字档案馆建设是一个复杂的系统工程，绩效评价是其中的重要环节。绩效评价作为发现问题的有效手段和改进工作的重要依据，对高校数字档案馆发展意义重大。高校不仅要重视数字档案馆建设水平和结果的评价，也应该重视确保实现数字档案馆战略目标的综合绩效评价。组织治理绩效评价指标作为水平评价的重要补充，是高校必须重视的“内省”评价手段。

上述内容提到的数字档案馆综合绩效评价概念和评价指标体系，旨在为高校诊断数字档案馆综合绩效及其推进机制的优劣提供参考框架。然而，评价指标项目及其权重需要在实践中逐步检验和修正，高校数字档案馆绩效评价指标体系也需要在后续实践中持续改进和完善。整体来看，本节所提出的高校数字档案馆绩效评价指标体系相对于以往

指标体系的优势，主要体现在以下几个方面：

第一，以现代治理理论为指导思想。管理和治理既有相通之处，又有很大差异。二者的相通之处在于目的性和延续性，治理并不否定管理，管理和治理的目的都是促进事物向好的方向发展，治理是在管理基础上的超越与发展。二者的差别在于理念和方式不同，管理的基础是“权力”，是自上而下的行政力量驱动，追求的是统治、控制与稳定，彰显的是权威性、强制性和驱动性；治理的基础是“权利”，是多元主体参与的内驱力，追求的是协商、共治与和谐，体现的是民主化、科学化和法治化。本节在构建评价指标体系时，尽量克服传统的自上而下的行政管理思想的桎梏，充分考虑利益相关者视域下多元主体平等对话的综合绩效评价。在构建的评价指标体系中，将外部专家、建设主体以及用户三者不同视域下的衡量标准进行了整合，更有利于保证评价结果的客观性和准确性。

第二，简化了细节性冗余指标。本节提出的高校数字档案馆绩效评价指标体系为高校数字档案馆自主评价提供了一个参考框架，简化了细节性冗余指标。比如，有些现行指标体系中规定“达不到某项功能的扣 0.5 分，未配备专用档案查询终端计算机的扣 0.2 分，数字档案馆机房选址不合理的扣 0.1 分”。尽管这样的准量化标准更有利于提升评价本身的可操作性，也更有利于实施外部评价，但这样过于细节性的指标也增加了评价的实施难度，同时这样的评价指标难以克服定量评价的天然缺陷，就像机房选址是否合理最终还是要依靠专家的主观判断，而不能定量化。因此，评价指标体系构建时，指标项目的层次性以及细节性的考量要依据评价目的而定，不能一味地追求可量化与细化。本节在构建评价指标体系时就充分考虑了这一点，将细部功能的评价融合在服务质量中，用服务质量感知代替过于细节性的指标，从而有助于降低评价实施的难度。

第三，重视定性与定量指标的整合。构建评价指标体系时尽可能量化指标的目的是提高评价的可操作性，但现实中有些指标甚至大部分指标难以量化，多数时候这些指标也没有过度量化的必要。笔者所提出的高校数字档案馆绩效评价指标体系，从环境建设、资源建设、服务质量、组织治理等四个方面构建了评价框架，既充分考虑了定量指标，也充分考虑了定性指标。比如在环境建设指标下的硬件指标中倾向于设计定量指标，这样有助于高校在自我评价时发现硬件配置在数量方面的不足。在服务质量以及组织治理两个一级指标下更倾向于设计定性指标，因为这两个一级指标下的评价内容难以定量化，不能为了评价指标的量化而故意定量化。重视定性与定量指标的整合，既有利于评价活动的实施，也有利于提高评价结果的准确性。

第四，增强了绩效评价的导向性。笔者提出的评价指标体系能够从环境建设、资源建设、服务质量以及组织治理等四个方面较好地反映和衡量高校数字档案馆建设的整体绩效水平，同时每一个一级指标下的内容又可以作为衡量和评判数字档案馆某一特定方面建设及应用绩效的评价指标。比如，将组织治理分解为高校管理决策、项目建设维护、长效制度设计、绩效评价实施等四个二级指标，既表明了组织治理的关键内容，又有助于开展对组织治理效能的专门评价。同时，该评价指标体系中充分考虑了评价指标体系设计的合理性及评估办法的有效性、评价结果的责任认定和落实整改机制、评价标准的合理性和可比性、参与评价的用户数量及其代表性等对绩效评价本身的评价，并从业界常见的外部专家评价、组织内部评价以及用户评价三个层面进行划分，将前期绩效评价活动也作为绩效评价的一个特定内容。从一级指标权重分配的角度来看，突出了资源建设与服务质量在高校数字档案馆建设和应用中的重要地位，以指导高校着重加强此两方面的建设。

第三节 高校数字档案馆绩效评价案例分析

一、案例选择

绩效评价指标体系构建完成之后需要对其有效性和可靠性进行检验，案例分析是最常采用的一种方法。这种方法既可以较为准确地检验评价指标体系的有效性、科学性和可靠性，也有利于发现评价活动操作过程中的细节性问题和注意事项。下面以云南省某高校数字档案馆为案例，对本书所构建的绩效评价指标体系进行有效性检验：

首先，根据确定的指标体系，邀请了 3 位该校档案馆一线人员根据本校实际情况对评价指标打分，各四级指标项目满分均为 100 分。其次，计算出四级指标的平均分，并逐级向上加权计算出高一级指标的分值，总分为 78.25 分。再次，对总分结果与评价人员的主观感知进行比较，若绩效分数与打分人员的主观感觉较为一致，表明该指标体系基本能够用来衡量和诊断高校数字档案馆建设及应用的真实状况。最后，对绩效评价结果进行客观分析，挖掘数字档案馆建设及应用中的短板，并提出对策建议。表 7-3 是该高校数字档案馆绩效评价的专家打分统计表。

表 7-3 某高校数字档案馆绩效评价专家打分统计表

指标项目	人员 A	人员 B	人员 C	平均分
A111 数据中心机房及其配套安防监控系统设备	75	80	70	75.00
A112 服务器数量及其性能配置	80	90	85	85.00
A113 磁盘阵列等存储设备性能及容量	90	95	95	93.33
A114 档案数据异地容灾备份系统	30	30	30	30.00
A115 局域网、校园网、因特网布局合理性、安全可靠性，外网带宽及其可用性	70	80	75	75.00
A116 机房恒温恒湿和消防系统设备	80	90	85	85.00
A121 数字化加工用房及其扫描设备	80	85	90	85.00
A122 音视频、图像等采集、摄录设备	90	95	90	91.67
A123 工作计算机、自助查档服务等终端设备	95	95	90	93.33
A131 防火墙、漏洞扫描、入侵检测、安全审计等网络安全设备的使用情况	30	30	30	30.00
A132 UPS 系统设备及其可供电时长	95	90	90	91.67
A133 档案数据库安全防护及物理隔离情况	90	95	85	90.00
A211 业务系统配置在线按收电子文件	60	60	60	60.00
A212 实现在线接收电子档案功能	75	80	75	76.67
A221 馆藏档案资源服务情况	80	85	85	83.33
A222 学校档案业务建设情况	80	90	85	85.00
A223 可达性、可访问性、外观设计、隐私与安全等网站设计指标	90	95	90	91.67
A231 建立校友学籍档案专题库	90	95	95	93.33
A232 实现学籍档案远程查询利用	90	90	95	91.67
A241 照片档案数据库建设情况	70	80	75	75.00
A242 视频档案数据库建设情况	70	80	75	75.00
A243 音频档案数据库建设情况	70	75	75	73.33
A251 具备扫描图像智能处理和 OCR 等功能	90	95	95	93.33
A261 提供档案目录和全文的公开鉴定发布	60	60	60	60.00
B111 提供数据采集功能，实现在线电子文件归档	70	80	75	75.00
B112 数据处理，验证电子文件的准确性、完整性、可用性和安全性	70	80	75	75.00

续表

指标项目	人员 A	人员 B	人员 C	平均分
B113 档案数据管理	80	90	85	85.00
B114 包含高级检索功能的数据查询利用	90	95	95	93.33
B115 档案数据移交	80	90	85	85.00
B116 用户、日志、权限、数据备份等系统管理	90	95	90	91.67
B121 传统档案数字化方案建设与执行情况	70	75	70	71.67
B122 馆藏传统档案数字化质量	70	80	75	75.00
B123 重要、珍贵档案数字化比例	70	75	75	73.33
B131 目录数据库建设情况	90	95	90	91.67
B132 全文数据库建设情况	70	75	70	71.67
B133 档案目录与全文数据有效挂接	90	95	95	93.33
B141 专题数据库数量	70	75	70	71.67
B142 专题数据库特色及亮点	75	80	80	78.33
B143 专题库建设质量	70	75	75	73.33
B211 面向公众提供可以公开的档案目录网络查询	80	85	80	81.67
B212 面向公众提供可以公开的档案全文网络查询	60	60	60	60.00
B213 因特网上提供新媒体查档预约功能	90	85	85	86.67
B214 到馆用户通过自助终端自助查询	60	75	75	70..00
B22 用户远程查档利用的服务质量	70	80	75	75.00
B231 档案利用情况分析	70	80	80	76.67
B232 查档用户情况分析	70	75	75	73.33
B233 档案利用效益分析	70	80	75	75.00
C111 对数字档案馆规划、经费、项目建设方面的认识	80	85	80	81.67
C112 对数字档案馆管理制度、业务流程等方面的认识	70	80	75	75.00
C121 对档案查全率、查准率的感知	80	85	90	85.00
C122 对档案创新利用方面的意见和建议	80	90	80	83.33
C211 工作人员对档案查询利用的支持度及其态度	70	75	80	75.00
C221 档案查询方式的便捷性	80	85	90	85.00
C222 档案查询结果的准确性	80	80	85	81.67
D111 经费投入决策与项目规划决策的一致性	70	65	75	70.00
D112 经费使用机制的健全性与合理性	70	75	70	71.67
D121 学校档案领导机构的独立性	70	80	85	78.33
D122 档案管理部门的项目执行力	60	70	75	68.33
D131 档案机构的人员数量及专业背景	90	95	90	91.67

续表

指标项目	人员 A	人员 B	人员 C	平均分
D132 业务部门档案专职人员配备情况	80	85	80	81.67
D133 校外档案信息化人员的借力机制	80	85	90	85.00
D211 服务外包的制度依据和可操作性	90	90	85	88.33
D212 校企合作的制度依据和可操作性	80	85	90	85.00
D213 校内部门间协同与责任分工机制	70	75	65	70.00
D221 常态化业务工作的管理协调机制	70	75	70	71.67
D222 项目建设流程设计及运行顺畅性	70	70	75	71.67
D223 临时性项目人员配备及考核办法	80	85	80	81.67
D231 相关标准建设的全面性和应用情况	70	70	75	71.67
D232 建设项目实施的规范程度	90	95	95	93.33
D233 数字档案资源服务的标准化程度	70	75	70	71.67
D311 制度建设的全面性、统一性和长远性	80	85	85	83.33
D312 制度执行的有效性、可靠性和标准化	80	85	80	81.67
D313 制度运用的灵活性、广泛性和可操作性	70	70	75	71.67
D321 档案业务工作与职称、晋升等的关联性	70	65	70	68.33
D322 培训、交流、科研等教师发展的支持度	70	65	65	66.67
D323 档案信息化建设项目成员的激励机制	80	80	75	78.33
D331 用户应用满意度及意见建议的实时反馈渠道	80	80	85	81.67
D332 学生、校友、企业等的意见、建议反馈渠道	70	75	75	73.33
D333 利益相关者反馈意见和建议的论证采纳机制	80	85	80	81.67
D411 评价指标体系设计合理性及评估办法的有效性	70	75	70	71.67
D412 评价结果的责任认定和落实整改机制	80	85	80	81.67
D413 固定的内部评价周期及其合理性	65	65	60	63.33
D421 外部评价主体的权威性	70	70	65	68.33
D422 评价标准的合理性和可比较性	60	65	60	61.67
D423 评价结果处理及运用机制	80	75	80	78.33
D431 参与评价的用户数量及其代表性	70	70	75	71.67
D432 用户评价渠道及工具的有效性	75	80	70	75.00
平均值	75.35	79.83	78.14	77.77
标准差	11.29	12.00	11.72	11.39

二、评价结果分析

评价人员打分后，先计算出四级指标的平均分，然后逐级向上加权计算出每一级中每一项指标的得分，最后计算出该校数字档案馆综合绩效的最终得分，以及各人员打分的平均值和标准差。从3位一线人员打分的情况来看，平均值和标准差较为接近，表明3位打分人员对该校数字档案馆绩效情况的感知相似，没有出现评价主体感知偏差较大的情况。

总体来看，该校数字档案馆整体绩效尚可，所有指标考核的内容该校均有涉及，绩效最终得分为78.25分。根据评价表打分情况，并结合与打分成员的访谈分析可以看出该校在数字档案馆建设与应用方面存在的问题主要包括以下几个方面：

首先，组织治理是该校数字档案馆建设中薄弱的环节。组织治理中表现欠佳的主要体现在两个方面：一是档案管理部门的项目执行力有待提升，通过调查发现，项目执行力不高并不是因为人力不足或人员能力不足，而是因为数字档案馆建设推进机制有待优化。因为推进机制不完善，常常发生规划中的项目由于经费不到位或学校关注重点转移或档案隐私保护等问题而搁置。二是绩效评价方面存在较为突出的问题，外部评价缺失、内部评价形式化、用户评价结果运用不到位是高校数字档案馆建设中普遍存在的问题，该校也不例外。另外，“档案业务工作与职称、晋升等的关联性”及“培训、交流、科研等教师发展的支持度”两项指标的得分也较低，表明该校对人才队伍建设并未给予足够重视。推进机制建设是数字档案馆发展的动力，人才队伍建设是数字档案馆发展的基本保障，未来高校在数字档案馆建设发展中应该更加重视推进机制和人才队伍建设工作，以增强数字档案馆建设、应用和服务能力，从而促进高校数字档案馆健康可持续发展。

其次，软硬件环境建设及其相配套的业务工作有待加强。通过分析四级指标得分和打分人员访谈，在环境建设方面，该校存在的问题主要包括以下两个方面：一是硬件环境建设中存在的问题主要是信息安全保护的问题，比如没有建设档案数据异地容灾备份系统，备份工作由移动硬盘定时手动备份；又如该校刚刚建设了符合国家标准的档案数据中心，但档案局域网、校园网以及互联网三网布局并不合理，使得防火墙、漏洞扫描、入侵检测、安全审计等网络安全设备的使用情况也不理想。二是软件环境建设没有充分发挥信息系统的功能，该校数字档案馆建设中基本采用业界较为成熟的信息系统，实现了档案业务工作的核心功能，但在信息系统应用中存在一些问题，比如业务系统配置在线接收电子文件和电子档案的功能，通过在线接收档案之后经过内部流程即可轻松实现归档和整理工作。在实际工作中，该功能并未正常使用，主要原因是业务部门认为纸质档案和电子档案同时上报会造成重复，也增加了业务部门的工作量，因而该功能难以推广使用。高校未来应该加大经费投入，进一步梳理业务流程，保证数字档案馆建设成果能够发挥实际效益。

最后，数字档案馆绩效自我评价和评价结果处理机制不健全。外部评价缺失，而自我评价及用户评价流于形式，对问题改进的意义不大。该校数字档案馆绩效自我评价方面存在的问题主要包括评价活动的主观性较强，主要依赖经验判断，缺少评价指标参考依据，难以发现较为隐蔽的问题；评价活动的随意性较强，没有设置评价的时间节点和周期，评价的时效性和指导意义不足；对评价结果的重视程度不够，还没有建立专门的问题处理机制，当时无法解决的问题常常被搁置下来。要改变自我评价现状，真正发挥出自我评价的功效，应该根据数字档案馆建设规划建立评价指标体系，按项目实施的关键节点和数字档案资源应用情况开展周期性评价，并研究制定合理的问题处理机制，最终建立数字档案馆绩效自我评价和用户评价的长效机制。高校需要不断丰富和完善利益相关者（馆员、业务人员、学生以及相关企业等）参与数字档案馆治理的有效渠道，把数字档案馆建设目标与应用主体的现实需求联系起来，从而提高数字档案馆效益和用户满意度。

通过上述分析可知，推进机制建设、人才队伍培养、信息安全保障、业务流程设计、评价结果运用等方面是该校数字档案馆建设中的相对薄弱环节，后续应该深入剖析问题存在的深层原因，在数字档案馆建设规划中有必要向薄弱环节倾斜经费投入，尽可能争取学校层面的政策和资源支持，并重视人才队伍的有意识培养，从而促进数字档案馆整体绩效的提升。

参 考 文 献

[1]于九红.网络安全设计[M].上海：华东理工大学出版社，2012.

[2]金波，张大伟.档案信息化建设[M].上海：上海教育出版社，2016.

[3]朱小怡.数字档案馆建设理论与实践[M].上海：华东师范大学出版社，2007.

[4]谢波.江苏省数字档案馆建设理论与实践[M].南京：河海大学出版社，2014.

[5]李明华.数字档案室建设概论[M].北京：中国文史出版社，2016.

[6]蔡盈芳.企业数字档案馆建设理论与实践[M].北京：电子工业出版社，2018.

[7]饶永.高校数字档案馆及其构建[J].机电兵船档案，2001，17（4）：25-27.

[8]柯友良.高等学校档案管理基础[M].广州：广东高等教育出版社，2014.

[9]曾宪言.高校数字档案馆的特点[J].新华文摘，2010（22）：169.

[10]赵学敏，田生湖，张潇璐.Drupal 和 Bootstrap 在档案信息网站建设中的应用研究[J].兰台世界，2020（8）：31-35.

[11]杨玲花.现代档案管理工作与保存策略研究[M].北京：中国纺织出版社有限公司，2021.

[12]盛小平.信息资源建设教程[M].武汉：武汉大学出版社，2023.

[13]颜祥林.走向整体性发展：高校档案工作新探[M].南京：南京出版社，2022.

[14]卢捷婷，岑桃，邓丽欢.互联网时代下档案管理与应用开发研究[M].北京：北京工业大学出版社，2021.

[15]张璐璐.档案信息化建设与管理创新[M].秦皇岛：燕山大学出版社，2021.